뿌리가 되는 언어 공부
한동일의 라틴어 산책

뿌리가 되는 언어 공부
한동일의 라틴어 산책

초판 2쇄 인쇄 2024년 12월 10일
초판 2쇄 발행 2024년 12월 20일

지은이 한동일

펴낸이 서덕일
기획 서민우 **편집·교정** 김수진, 조소영 **디자인** Tidm
마케팅 서민우, 이혜영 **진행·제작** 서여진
출력·인쇄 천일문화사 **제본** 대흥제책 **용지** 일문지업

펴낸곳 언어평등 **출판등록** 2018. 6. 5. (제2018-63호)
주소 경기도 파주시 회동길 366 3층
전화 (02) 499-1281~2
팩스 (02) 499-1283
전자우편 info@moonyelim.com
홈페이지 www.EQlangs.com

ISBN 979-11-92673-01-1(03790)

세계의 언어와 문화, 문예림
언어평등 〈모든 언어는 평등하다〉 디지털과 아날로그를 아우르는 어학 콘텐츠

AMBULATIO CUM
HAN TONG ILL

한동일의 라틴어 산책

뿌리가 되는 언어 공부

일러두기

1. 라틴어 발음은 로마식 발음을 기준으로 하되 일부는 고전 발음을 따라 표기하였다.
2. 인명은 외래어 표기법을 따랐으며, 일부는 저자의 의도와 라틴어 표기를 반영해 예외로 두었다.
3. 문법 약호는 12쪽을 참조하고, 문법 설명을 위해 우리말 번역은 직역하였다.
4. 명사의 경우 어근을 제외한 속격의 어미는 '-'로 표기하였다. (예: rosa, -ae, f. 장미)
5. 형용사의 경우 남성, 여성, 중성의 순으로 표기하였으며, 중성과 여성의 어근을 제외한 어미는 '-'로 표기하였다. (예: bonus, -a, -um, adj. 좋은)
6. 동사의 경우 동사의 기본형을 다음과 같은 순서에 따라 표기하였다.
   아울러 어근을 제외한 어미 부분은 '-'를 생략하고 표기하였다.
   현재 단수 1인칭, 현재 단수 2인칭, 단순과거 1인칭, 목적분사, 1, 2, 3, 4(동사의 활용),
   자·타동사의 여부, 뜻 (예: amo, as, avi, atum, ❶ tr. 사랑하다)
7. 도서명은『 』로, 신문이나 잡지명은 ( )로, 짧은 글과 그림 등의 작품명은 〈〉로 표기하였다.

PRAEFATIO

2010년 로마에서 귀국해 같은 해 9월부터 모 사립대학에서 시작한 〈초급 라틴어〉 수업은 저도 놀라울 정도의 열풍이 불었고, 그 수업을 토대로 2017년에 출간한 〈지적이고 아름다운 삶을 위한 라틴어 수업〉이 이제 100쇄를 훌쩍 넘어 스테디셀러로 자리 잡았습니다. 아울러 일본에서도 2022년 9월 28일 출간과 동시에 어학 분야, 서양사상 고대·중세·르네상스 시대 부분 1위를 차지하며 아마존 저팬의 베스트셀러가 되었습니다.

그런데 이러한 열풍 속에서 독자들에겐 또 다른 목마름이 있다는 것을 알았습니다. 그것은 바로 상대적으로 접하기 쉬운 라틴어 문법서였습니다. 저는 2014년에 〈카르페 라틴어 종합편〉을 써낸 바 있습니다. 그 책에서 라틴어의 문법을 품사론과 구문론으로 나누어 상세하게 설명했지만 최대한 세심하게 많은 것을 담으려다 보니 분량이 방대해지고 말았지요. 작은 호기심으로 시작해 라틴어에 다가가려 했던 소박한 독자에게는 부담스러울 수밖에 없었습니다.

그동안 여러 경로로 초보자도 공부해볼 만한 '초급 라틴어' 교재를 써달라는 부탁을 받았습니다. 그때마다 진행 중인 여러 원고 작업으로 인해 '초급 라틴어' 교재 집필을 차일피일 미루게 되었는데, 이제야 이 작업을 마치게 되었습니다. 하지만 이 책도 단순한 호기심 차원에서 라틴어를 공부해볼까 하는 학습자에게는 다소 어려울 수 있습니다.

사실 이번 교재를 준비하면서 가장 어려웠던 것은 어느 수준에서 문법을 설명할지에 대한 난이도 조절이었습니다. 초급이라고 해도 단순한 초급 문법책이어서도 안 되고, 그렇다고 거기에서 난이도를 좀 더 높이면 어렵게 솟아난 라틴어에 대한 호기심이 사라지지 않을까 걱정되었습니다. 그런 고민 끝에 실제로 제가 한 학기 초급 라틴어 수업에서 했던 '학습 계획서'를 토대로 초안을 작성했습니다. 물론 수업 시간에는 더 많은 사진 자료, 다양한 예문과 연습문제 등을 만날 수 있었지만, 이 책의 초안은 분량 관계로 그렇게 할 수 없었습니다.

다만 이 책이 좀 더 나은 교재로 탄생할 수 있었던 배경에는 <지적이고 아름다운 삶을 위한 라틴어 수업>의 편집자였던 김수진 씨가 라틴어를 처음 배우는 사람의 시선으로 고민하고 이 책의 구성을 살펴봐준 덕분입니다. 그의 의견을 반영하여 구성과 목차를 바꾸었고 연습문제는 따로 분리해서 정리했습니다. 아울러 연습문제에 대한 해설도 필요하다는 의견에 동의가 되어 문제에 대한 해설도 따로 달았습니다. 최대한 독자의 입장에서 접근해준 김수진 편집자에게 감사의 인사를 전합니다.

이 책이 라틴어를 좀 더 심화해서 학습하시고자 하는 분들에게 <카르페 라틴어 종합편>으로 이어지는 훌륭한 가교가 되길 바랍니다. 아울러 이 책에서 설명하는 라틴어 문법은 상당수 <카르페 라틴어 종합편> 제1권 품사론에서 수정, 편집하여 가져온 것임을 밝힙니다. 끝으로 좋은 책을 준비할 수 있도록 도와준 문예림 서덕일 대표님 및 임직원과 라틴어 오탈자를 감수해 준 이탈리아 클라우디아 브루쩨세 가르지아Claudia Bruzzse Gargia 교수님께 각별한 감사의 인사를 드립니다.

끝으로 책의 교정, 교열에 대해 말씀드립니다. 어학서는 단행본보다 몇 배 더 주의를 기울여 작업을 하지만 오탈자의 발생은 피할 수가 없습니다. 중국어에 '서교진소書校塵掃'라는 말이 있습니다. 송조(宋朝) 심괄(沈括, 1031-1095)의『몽계필담夢溪筆談』'잡지(雜誌) II'에 나오는 말인데, 책을 교정하는 작업은 마치 먼지를 쓰는 것과 같아 한 번 쓸 때마다 하나가 탄생한다는 뜻입니다. 이 말인 즉은 눈에 당장 보이는 먼지를 치우기 위해 비질을 하다 보면 그것은 치워지나 쓸린 먼지가 다시 내려앉아 또 다른 먼지가 쌓인다는 뜻입니다. 실로 고개가 끄덕여지는 말입니다. 교정 작업은 아무리 공들여 하더라도 애석하게도 늘 틀린 것은 남아 있습니다. 그래서 책의 교정은 정말 밑도 끝도 없는 작업 같다는 생각이 듭니다. 그렇기에 독자 여러분의 너그러운 양해를 청합니다.*

2023년 3월 마지막 밤 봄

연희동 안산 자락에서

---

* 김용권,『신뢰의 배반』, 서강대학교출판부 2017, 65쪽 참조.

INDEX

별책 연습문제

문법 약호

약어	원어	의미
abl.	(casus) ablativus	탈격
acc.	(casus) accusativus	대격
adj.	adiectivum / adjectivum	형용사
cf.	confer	참조하라
coord.	(coniunctio) coordinationis	동등 (접속사)
dat.	(casus) dativus	여격
dep.	(verbum) deponens	탈형동사
e.g.	exempli gratia	예를 들면
etc.	et cetera	기타 등등
exact.	(futurum) exactum	(미래) 완료
f.	(genus) feminium	여성
gen.	(casus) genitivus	속격
intr.	(verbum) intransitivum	자동사
m.	(genus) masculinum	남성
n.	(genus) neutrum	중성
nom.	(casus) nominativus	주격
pl.	pluralis	복수
poss.	(pronomen) possesivum	소유 (대명사)
pron.	pronomen, pronominale	대명사(적)
sg.	singularis	단수
tr.	(verbum) transitivum	타동사
v.	verbum	동사
voc.	(casus) vocativus	호격

LECTIO I

COMPREHENSIO LATINAE LINGUAE

라틴어 역사 / 라틴어 철자의 의미 /
그리스어, 라틴어 알파벳 비교

COMPREHENSIO LATINAE LINGUAE

라틴어의 이해

I. 라틴어에 대한 간략한 역사
Latinae Linguae Brevis historia

라틴어는 이탈리아 반도의 중부에 있는 고대 로마와 그 주변 지역 라티움에 정착해 살던 라티움 사람들이 쓰던 언어였는데, 로마가 지중해를 정복하면서 지중해 전역과 유럽 지역의 상당 부분으로 퍼져나갔다. 로마 제국의 공용어였던 라틴어Lingua latina는 상고시대의 대대적인 민족의 이동으로 인해 세계 언어 분포상 인도유럽어계Linguae Indo europeae에 속한다. 이 이론은 리투아니아의 고고학자이자 언어학자인 마리야 김부타스Marija Gimbutas, 1921

1994가 활발하게 주장했고 오늘날에도 논의되고 있는 가정이다. 인도유럽어란 기원전 5000년에서 기원전 2000년 사이에 우랄 폰토스에서 북인도, 근동, 유럽 전 지역에 전파되어 있는 언어군을 가리키는데, 18~19세기 역사 비교언어학에 의해서 그 모든 언어들의 형태뿐만 아니라 의미구조에 있어서도 단일한 공통조어에서 파생되었으리라는 가정하에 붙여진 이름이다. 현재는 산스크리트어, 히타이트어, 그리스어, 라틴어, 켈트어, 고대 게르만어 등을 비교 연구하여 상고 인도유럽어를 어휘별로 복원하는 데 성공하여 '인도유럽어 사전'을 만들어냈을 정도다.*

이렇듯 인도유럽어가 동양과 서양에 광범위하게 영향을 주며 전 세계 언어의 뿌리 역할을 했던 데는, 그들의 언어를 사용해야만 얻을 수 있는 유익함 또는, 좀 더 낫다고 생각됐던 어떤 이점이 있었기 때문일 것이다. 아마도 초기 인류가 받아들인 것은 인도유럽어 사용자의 다양한 곡물에 대한 지식, 곧 먹을거리에 대한 정보였을 것이다. 그것은 고대사회의 가정경제를 관리하는 데 중요한 영향을 미쳤다. 이를 그리스어로 '오이코노미아οἰκονομία'라고 했고, 라틴어에서는 그리스어를 그대로 음차하여 '오이코노미아oeconomia'라고 했다. 이것이 다시 '에코노미아economia'로 변형되어 오늘날 우리가 아는 영어 단어 '이코노미economy'가 된 것이다. '오이코스οἶκος'에는 '야생지'라는 의미도 있는데, 초기 수렵 인류가 농경생활을 하는 과정에서 그 뜻이 파생되었을 수도 있다. 그런데 그리스어 'οἶκος'는 인도유럽어 'ueik-, uoik'에서 유래한 말이다.†

---

* 움베르토 에코 기획, 마시모 폰테실리, '야만족의 이주와 서로마 제국의 종말', 『중세 I』, 시공사 2015, 70쪽 참조; 성염, 『고전라틴어』, 바오로딸, 2003, 3쪽 참조; 한동일, 『법으로 읽는 유럽사』, 글항아리 2018, 44쪽 참조.

† Cf. Robert Beekes, *Etymological Dictionary of Greek Vol. 2*, Brill 2009, p. 1055; 한동일, 『믿는 인간에 대하여』, 흐름출판 2021, 7-8쪽 참조.

한편 라틴어가 제국의 공용어가 되고 제국의 영토가 커져갈수록 로마 제국의 황제들은 광대한 제국의 통합을 유지하는 것 외에도 통일된 정부를 수립하는 데 어려움을 겪었다. 그래서 디오클레티아누스 황제 284-305년 재위는 그 해결책으로 제국을 둘로 나누어 두 명의 공동 황제, 아우구스투스Augustus를 두고, 그 아래에 두 명의 부황제, 카이사르Caesar가 통치하도록 했다. 황제를 가리키는 아우구스투스는 소문자로 '존엄한'이라는 의미였는데, 첫 자를 대문자로 하면서 황제에게만 해당하는 호칭으로 변했다. 아울러 라틴어의 발음도 2세기 후반이 되면서 수도 로마의 발음과 다른 각 지방마다의 발음이 형성되기 시작했다. 그래서 수도 로마의 발음, 구체적으로 키케로의 발음을 '로퀴 라티네Latine Loqui'라고 했고, 변형된 각 지방의 발음을 '바르바레 로퀴barbare loqui'라고 했다.[†]

디오클레티아누스 황제는 니코메디아Νικομήδεια (오늘날 튀르키예 이즈미트)로 수도를 옮겨 동방을 지배했고, 다른 한 명의 공동 황제에게는 서방을 통치하도록 했다. 그래서 293년부터 305년까지는 2명의 공동 황제와 2명의 부황제(부제)를 두어 이른바 '4제 통치제Tetracha'가 실시됐다. 이를 통해 방어 책임은 각자 하고 법은 공동으로 발의했다. 민간행정과 군사 방어의 안정을 위해 만든 4제 통치제도는 원만히 운영되다가 디오클레티아누스 황제와 그의 공동 황제가 물러나고 부황제들이 황제가 됐다. 그러나 이러한 제도로서는 4세기 로마 제국이 직면한 문제들(이방민족의 침입—페르시아의 위협과 게르만족의 침입 등)을 해결하기에는 역부족이었다. 그래서 테오도시우스 1세

† Cf. A. Traina, G. Bernardi Perini, *Propedeutica al Latino Universitario*, Patron Editore 2020, p. 47.

황제는 395년 제국을 공식적으로 양분하는 조치를 취했다. 차남 호노리우스에게 서방을, 장남 아르카디우스에게 동방을 통치하도록 했는데, 당시 두 사람은 모두 미성년이어서 후견인과 조언자가 필요했다. 이후에도 로마에 대한 야만족의 침입은 더욱 극성을 부렸는데, 그중에 훈족의 아틸라와 455년 로마를 두 번째로 약탈한 북아프리카의 반달족이었다. 그리고 476년 로마의 마지막 황제 로물루스 아우구스투스가 폐위됨으로 서로마 제국은 멸망했다. 반면 동로마는 쇠락하지 않고 부유한 근동 지방의 지원을 받아 콘스탄티노폴리스에서 1천 년 이상 존립하게 된다.

동서로마의 구분은 언어에 따라 나뉘었다. 로마 시대 제국의 언어권은 한쪽은 라틴어권, 다른 한쪽은 그리스어권으로 해서 딱 절반으로 나뉜다. 언어의 차이에 따라 동로마와 서로마는 딱 반으로 갈라져 지역적으로 특성이 정말 달랐다. 언어적으로는 동로마는 그리스어, 서로마는 라틴어를 사용했다. 종교적으로는 동방 교회와 서방 교회로 나뉘었다. 그래서 이들은 서로 문화적, 종교적으로 경쟁심과 우월감을 가졌고, 이를 넘어 불신을 드러내기도 했다.

언어적 측면에서 "로마의 언어는 엄격한 구문으로 구성되었으며 어휘의 수가 적고 뉘앙스가 없는 언어로서, 소설과 시보다는 법률과 법전에 더욱 적합했다. 로마인은 소설과 시에는 별 관심을 두지 않았으며, 문학작품을 읽기 원하는 사람은 풍부한 뉘앙스와 어휘력 그리고 다양한 표현력을 가지고 있는 그리스어를 따로 배워야 했다. 이런 이유로 한참 후인 기원전 202년이기는 하지만, 퀸투스 파비우스 픽토르Quintus Fabius Pictor는 최초의 역사서를 그리스어로 저술했다."[§]

---

§ 인드로 몬타넬리, 김정하 옮김, 『로마제국사』, 까치 2001, 79쪽 인용; Indro Montanelli, *Storia di Roma*, BUR Rizzoli 2019, pp. 73-74.

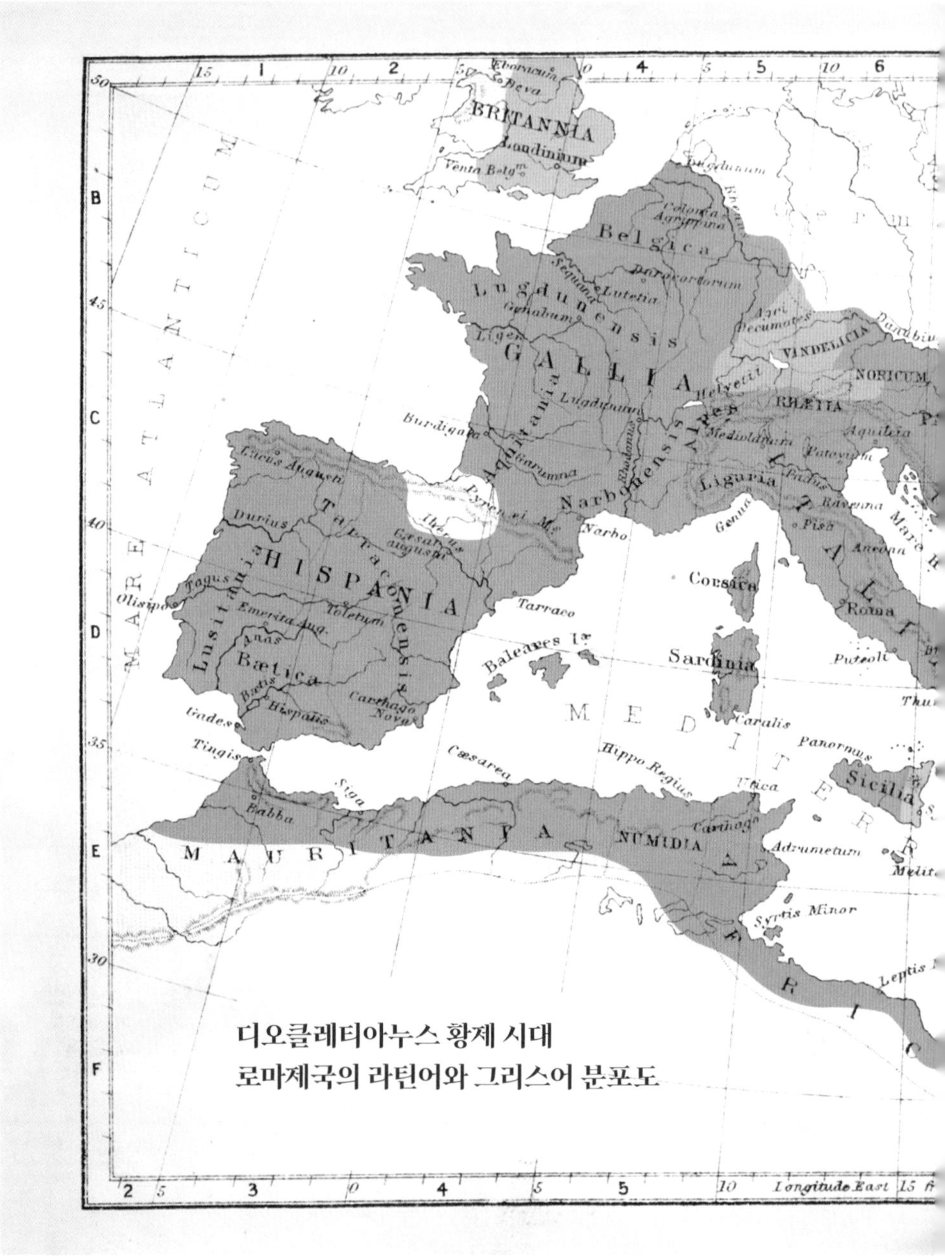

디오클레티아누스 황제 시대
로마제국의 라틴어와 그리스어 분포도

라틴어 사용권　그리스어 사용권　라틴어 부분 사용권　그리스어 부분 사용권

이처럼 라틴어는 부족한 어휘와 문법을 그리스어에서 차용했기 때문에 라틴어의 많은 단어의 어원을 찾아가다 보면 그리스어로, 그리스어는 다시 산스크리트어로 이어지게 된다. 실로 정복된 그리스가 정복자 로마를 재정복하게 된 상황이 된 것이다.

라틴어에서 유래하는 신 라틴어는 이탈리아어, 프랑스어, 프로방스어, 포르투갈어, 스페인어, 루마니아어, 카탈루냐어, 스위스 라틴어 사용권, 사르데냐 방언 등이다. 이들 언어는 원래 광활한 로마 제국에서 사용됐던 방언으로, 이 언어의 토대는 로마 제국에 의해 정복된 도시에서 생계와 여행 중에 군인과 농민, 상인들이 사용한 대중 언어였다. 따라서 그들이 사용한 말은 당대 교육받은 사람들이 쓰는 라틴어와는 다른 언어였지만, 대중이 사용한 지역 언어는 제국의 언어에 편입되었다. 그리고 시간이 흘러감에 따라 라틴어가 각기 다른 지역에서 각기 다른 형태로 변형되기 시작한 것이 신 라틴어가 유래하게 된 계기다. 다시 말해 중세 때 지역 방언이었던 언어가 근대 언어가 되기까지 세기에 세기를 거치면서 개혁과 변화를 겪으며 유지되고, 오늘날 우리가 아는 유럽어가 된 것이다. 이를 처음에는 '야만인처럼 말하기', 라틴어로 '바르바레 로퀴barbare loqui'라고 불렀다. 이때 로퀴loqui는 말하기란 뜻이고, 바르바레barbare는 당시 야만인을 부르던 바르바리쿠스barbaricus에서 나온 말이다. 야만인을 의미하는 '바르바리쿠스'는 원래 로마인에게 정복되지 않은 외국 땅에 사는 사람을 의미하는 단어였다. 영어 바바리안*Barbarian*이란 말도 바르바리쿠스에서 나오게 된다. 이런 이유에서 라틴어를 배우게 되면 현대 유럽어를 접근하기가 훨씬 쉽다.

그 흔적을 찾아보면 다음과 같다.

뜻	라틴어	이탈리아어	프랑스어	스페인어
바다	mare	mare	mer	mar
넷	quattuor	quattro	quatre	cuatro
사슴	cervus	cervo	cerf	ciervo
새로운	novus	nuovo	noeuf	nuevo
배, 가리개	velum	velo	voile	velo

II. 라틴어 철자의 의미: 산스크리트어
Latinarum Litterarum Significatio: Lingua sanscrita

그리스어와 라틴어의 철자는 기본적으로 산스크리트어에서 많은 영향을 받았다. 가령 산스크리트어의 첫 자음 क[Ka]는 우주공간에서 천체의 궤적, 물[ka]과 빛[ka]으로 구성된 우주의 생산적 에너지를 상징하는 철자로, 이 에너지가 인간 마음에 있는 사랑[kam]과 행복[kaj]을 나타내는 개념으로 투영되었다. 특별히 'kal'이라는 어근은 인도유럽어의 제사장들이 규칙적인 천체의 움직임을 파악하여 월[月]과 요일, 연[年], 해와 달의 움직임을 계산하는 데 사용했는데, (여기에서 'kalendae, -arum, f. pl. 달력', 'calor, -oris, m. 열, 불타는 사랑', 'caelum, -i, n. 하늘', 'creatio, -onis, f. 창조'라는 어휘가 유래한다. 이것이 영어의 '*calender, calor/calorie, creation*' 등의 단어가 된다.) 이것이 '그리스어 카파(κ)'로 이어지고, 라틴어 철자 K로 시작하는 단어는 바로 이 그리스어 카파(κ)로 시작하는 단어를 그대로 음차한 것이다. 가령 라틴어 'krisis, f. 위기'는 'crisis, f. 위기'로 바뀌었는데, 원래는 고전 그리스어 κρίσις를 그대로 음차한 것이다. 여기에서 이탈리아어 crisi, 프랑스어 crise, 독일어 Krise, 영어는 라틴어 철자 그대로 crisis가 된다. 한편 자음 k로 시작하는 라틴어는 사전에 딱 한 페이지 분량밖에 되지 않는데, 그것은 자음 k가 대부분 c로 바뀌었기 때문이다.

한 가지 예를 더 들어보자면 고대인들은 세상에 존재하는 모든 것에는 한계와 척도라는 것이 있다고 생각했고, 이 개념을 나타내기 위해서 인도유럽어는 '자음 m'의 음가를 선택했다. 산스크리트어 म Ma가 이에 해당하며 이 m이라는 음가에서 '물질, 척도'라는 용어가 나왔고, '인간 생명의 자연적 범주와 관계하는 사람'이라는 의미의 '산스크리트어 mātŕ, 그리스어 μήτηρ 또는 μᾱ́τηρ, 라틴어 mater, 어머니'라는 말이 생겼다. 라틴어와 그리스어는 '측정하다'라는 산스크리트어 mā 어근을 '신경 쓰다, 마음을 쓰다 medeor, 치료하다 medicus', 더 나아가 '공부하다, 성찰하다 meditor, ari, 명상하다'라는 개념을 표현하기 위해 med/mad 또는 med/mel 형태로 발전시켰다.

『카르페 라틴어 종합편』 부록에 이 산스크리트어 자음 알파벳에 대해 상세히 설명해두기도 했지만 산스크리트어에서 사용한 자음 알파벳 순서에 따라 라틴어에 어떠한 영향을 주었는지 따라가다 보면, 그 어떤 것도 혼자서 파생하지 않음을 알 수 있다. 그래서 언어학습은 단순히 의사소통의 도구일 뿐 아니라 깊은 사유의 수단이 되고, 그러한 사유를 통해 개인과 사회의 미래, 다음을 준비하는 역할을 한다. 카토Cato의 말처럼 "Rem tene, verba sequentur. 내용을 가져라, (그러면) 말은 (저절로) 따라온다."

III. 그리스어, 라틴어 알파벳 비교
Comparare Graecas Litteras cum Latinis Litteris

그리스어 알파벳			라틴어 알파벳	
대문자	소문자	로마자 표기	표기	발음
Α	α (알파)	a	A	a (아)
Β	β (베타/비타)	b	B	be (베)
Γ	γ (감마/가마)	g	C	ce (체)
Δ	δ (델타)	d	D	de (데)
Ε	ε (엡실론)	e	E	e (에)
			F	ef (에프)
			G	ge (제)
Ζ	ζ (제타/지타)	z		
Η	η (에타/이타)	e → h	H	ha (하)
Θ	θ (세타/티타)	th		
Ι	ι (요타)	i	I	i (이)
Κ	κ (카파)	k	K	ka (깝빠)

Λ	λ (람다)	l	L	el (엘)
Μ	μ (뮤/미)	m	M	em (엠)
Ν	ν (뉴/니)	n	N	en (엔)
Ξ	ξ (크시)			
Ο	ο (오미크론)	o	O	o (오)
Π	ϖ (파이/피)	p	P	pe (뻬)
			Q	qu (꾸)
Ρ	ρ (로)	r/rh	R	er (에르)
Σ	σ (시그마)	s	S	es (에스)
Τ	τ (타우/타프)	t	T	te (떼)
Υ	υ (윕실론)	y/u	V	u (우, 브우)
Φ	φ (피)	ph		
Χ	χ (키/히)	x, ch	X	ix (익쓰)
Ψ	ψ (프시)	ps		
			Y	hy (입실론)
Ω	ω (오메가)	o		
			Z	zeta (제따)

A에서 T는 페니키아어에서 유래하였으며 셈어 명칭을 따른다. Y부터 Ω는 그리스인들이 만들어낸 철자이다. 대부분 유럽 국가의 알파벳은 그리스어 알파벳에서 유래하였다. 고대인들은 대문자만 사용하였으며, 기원전 9세기에 문어로 사용된 소문자는 '언셜 서체(둥근 대문자 필사체)'이다.¶

레바논 비블로스, 페니키아 문자

¶ 하성수, 강지숙 편저, 『그리스어 문법』, 분도출판사 2005, 36쪽 참조.

그리스인에게 읽기는 글자를 읽을 수 있는 능력인 문해력을 의미했다. 그리스인의 일상에서 읽기와 쓰기가 중요했던 사람은 통상 상인이나 장인 또는 가게 주인이었다. 이런 이유 때문에 문자의 목적은 회계기록을 잘 유지하기 위한 수단으로 중요했다. 이를 위해 그리스인들은 처음에는 알파벳 문자를 잘 다룬 페니키아인들로부터 알파벳을 배워 상업과 무역의 기록 유지에 활용했다. 그래서 그리스가 암흑시대에서 빠져나오는 시기에 고대 근동이 그리스에게 해준 가장 큰 기여가 무엇이냐고 묻는다면 그것은 단연 문자 체계의 전수였다고 말할 수 있다. 이렇게 전해진 문자는 다시 로마로 흘러 들어갔다. 이처럼 상인, 장인과 가게 주인들에게 읽기와 쓰기는 그들 간의 일상적인 소통 수단이었다. 이들은 오늘날 현대인이 사용하는 문자 메시지처럼 납으로 얇은 판자나 '도편(오스트라콘ὄστρακον)'에 짧은 문자 메시지 형태로 소통했다. 기원전 4세기 말 아테네의 시장에서 발견된 접시의 파편에는 시장Agora에서 구입해야 할 장보기 목록이 적혀 있었다. 이러한 일상이 자연스럽게 정치에도 이어져 도편이 오늘날 투표용지처럼 사용되었던 것이다. 특히 문자로 소통하였기에 읽기가 쓰기보다 더 중요하게 여겨졌고, 교사와 학생은 계약을 통해 문자를 가르치고 배웠다. 이것은 오직 부자들만 아주 일찍부터 교사를 통해 배우기를 시작해서 늦게까지 탄탄한 교육을 받았는데, 읽기와 쓰기는 공적 생활에서 반드시 필요한 요소였다. 그래서 개인의 읽기와 쓰기 능력은 모든 시대 고르지 않게 나타나는데, 분명한 것은 읽고 쓸 줄 안다는 것 자체가 곧 힘이자 능력이었다. 상인과 장인, 대지주와 같은 부르주아는 자신들의 부가 자녀들에게 계속 영속되기를 바라는 마음에서 자녀들이 읽기와 쓰기를 공부하길 바랐다.

반면 노예들은 몇몇 특별한 예외를 제외하고는 거의 대부분이 문맹이었다. 여기에서 여성의 경우 교육받는 것이 금지되지는 않았지만 그들이 차지하는 변방적인 사회적 지위로 인해 읽기와 쓰기 능력이 제한적이었다. 이는 그리스 사회가 가부장적 전통 아래 모든 여자가 신체적으로나 법적으로나 자신을 보해줄 공식적인 남자 보호인을 두도록 한 데서 기인한다. 이러한 제한 탓에 여성에게는 참정권이 주어지지 않았다.[**]

** Cf. G. Cavallo, Scrivere e leggere nella città antica, Carocci Editore 2020, pp. 11-35.

LECTIO II

LITTERAE ET LITTERARUM APPELLATIO LATINAE LINGUAE

라틴어 알파벳과 발음 /
모음의 장단과 강세

LITTERAE ET LITTERARUM APPELLATIO LATINAE LINGUAE

라틴어의 알파벳과 발음

I. 라틴어 알파벳

라틴어 알파벳은 24자이다. 영어의 알파벳 개수에 비하면 두 개 적다.

대문자	A	B	C	D	E	F	G	H	I	K	L	M	N	O	P	Q	R	S	T	U	V	X	Y	Z
소문자	a	b	c	d	e	f	g	h	i	k	l	m	n	o	p	q	r	s	t	u	v	x	y	z

라틴어 자음은 대부분 영어 자음과 비슷한 로마자 발음을 하며, 라틴어의 모음은 a(아), e(에), i(이), o(오), u(우), y(이) 여섯 개이고, 좀 더 자주 사용하는 이중모음은 ae(애), oe(외), au(아우), eu(에우)이다.

• 라틴어 알파벳에 J가 없는 이유

I는 산스크리트어 y 음가의 영향을 받아 형성된 라틴어 단어다. I와 J의 구분은 중세 인문주의 시대 이후에 도입되었다. I 뒤에 모음이 오면 I가 모음이 아닌 반모음으로 변하여 발음되었는데, 후에 이 반모음 I는 J로 표기되었다. 가령 고전 라틴어는 'ius, iuris, n. 법'이라고 했던 것을 중세 이후 'jus, juris, n. 법'으로 표기했다. 이 때문에 J로 시작하는 단어를 유럽이나 미국에서 출간된 라틴어 사전에서 찾으려면 I에서 찾아야 한다. 반면『카르페 라틴어 한국어 사전』(한동일·이순용, 문예림, 2020)에는 독자의 편의와 현대 라틴어를 반영하여 I와 J를 구분해두었다.

• 라틴어 알파벳에 W로 시작하는 단어가 없는 이유

현대어의 W자는 로마인들이 기원전 114년 알파벳을 도입할 때 그리스어 Υ/υ(윕실론)의 꼬리를 떼고 V 또는 U로 표기한 데서 비롯한다. 1000년경 V자를 겹쳐서 vv 또는 uu로 사용하기 시작한 뒤로 프랑스어게는 double V로, 영어게는 double U로 사용하였다. 따라서 라틴어에는 W로 시작하는 단어가 없다.

• **반모음 u의 표기**

반모음 u는 현대 라틴어에서는 v로 표기되지만 고전 라틴어에서는 u로 표기되었다. 후에 반모음 i가 j로 바뀌었듯이, 반모음 u도 v로 바뀌며, 발음 방식은 고전 발음에 해당한다. 이에 대해서는 다른 설명보다 유명 상표인 'BVLGARI'를 떠올리면 쉽게 이해할 수 있다.

E.g.

uita → vita　　　　uenio → venio

• **라틴어 표기 시 특징**

라틴어는 고유명사와 문장의 첫 글자를 대문자로 시작한다. 그러나 간혹 유래 형용사나 부사는 대문자를 써서 표기한다.

E.g.

populus **Romanus**

로마 국민(백성)

Populus **Romanus** Ciceronem consulem declaravit.

로마 국민은 키케로를 집정관으로 선언했다.

N.B. declarare aliquem consulem/praetorem

~를 집정관/법무관으로 선언하다

II. 라틴어 발음

오늘날 라틴어 발음에 대한 문제는 일선 학교에서 라틴어를 처음 접하는 학생들보다는 라틴어를 스스로 독학하려는 학습자들에게 있다. 그 이유는 다른 현대어와 달리 평소에 사람들이 라틴어로 말하는 것을 들을 기회가 거의 없으므로 라틴어 교재의 이론적인 설명만으로는 피부에 와닿지 않기 때문이다. 다행히 요즘에는 인터넷상의 여러 매체를 통해 라틴어 발음을 접할 수 있으므로 독학자들은 그와 같은 방법을 활용해보기를 권한다.

라틴어의 발음은 원칙적으로 이탈리아어처럼 로마자 발음을 따르지만, 라틴계 국가와 영미계 국가의 독특한 발음과 강조에 따라 똑같은 단어라도 각기 달리 발음한다. 내가 미국과 영국, 독일과 스페인 등 여러 유럽 각지를 돌아다니면서 느낀 것은 라틴어 발음을 거의 자기 언어의 발음과 유사하게 한다는 점이었다. 실제로 내게 라틴어를 가르쳐준 미국, 이탈리아인 선생님은 발음뿐만 아니라 억양과 강세 모두 거의 자기 언어를 발음하듯이 했다.

그렇다면 라틴어는 어떻게 발음하고 읽을까? 사실 로마인이 라틴어 발음을 정확히 어떻게 했는지는 알 수 없다. 다만 라틴어의 발음, 읽는 방식은 상고시대latino arcaico의 발음도 있지만 이것을 제외하고 크게 두 가지로 나뉜다.

1. '스콜라 발음' 또는 '로마 발음'

소위 '학교 발음scholae pronuntiatio' 또는 '스콜라 라틴어Latinitas scholastica'라고 하는 발음으로 오늘날 이탈리아 학교에서 사용하는 방식이다. 이 발음 방식은 4~5세기부터 시작해 중세를 거쳐 로마 가톨릭교회가 사용한 방식으로 변화·발전했으며, 현재 이탈리아 중·고등학교에서 널리 읽히는 발음이다. 이런 이유로 스콜라 발음을 '교회 발음'이라고도 한다.

2. '고전 발음' 또는 '복원 발음'

르네상스 시대에 고전 문헌을 토대로 복원한 발음이다. 이 발음은 르네상스 시대의 대표적 인문학자인 에라스무스가 저술한 『올바른 라틴어 및 그리스어 발음에 관한 문답Dialogus de recta Latini Graecique sermonis pronuntiatione』에서 출발한다. 이 발음을 우리나라의 라틴어 발음 표기 방법으로 일반적으로 사용한다. 하지만 고전 문헌을 바탕으로 한 모음의 장단을 복원하는 것은 참으로 어려운 일이기도 하다.*

이 두 가지 발음 방식 중 옳고 틀린 것은 없으나 이 책에서는 오늘날 유럽의 이탈리아 학교에서 사용하는 스콜라 발음을 선택해 라틴어 발음의 특징을 설명한다. 하지만 학습자들은 우리나라에서 일반적으로 통용되는 고전 발음에 대해서도 알아두기 바란다.

---

* N. Flocchini, P. Guidotti Bacci, M. Moscio, *Maiorum Lingua-Manuale*, Milano 2007, p. 37.

NON SCHOLAE, SED VITAE DISCIMUS. (Seneca)
우리는 학교를 위해서가 아니라, 인생을 위해서 공부한다.[†]
1. 로마 발음: 논 스콜래, 세드 비때 디쉬무스.
2. 고전 발음: 논 스콜라에 세드 위이타에 디스키무스.

로마 발음과 고전 발음의 차이 중 하나는 "c, p, t, v"의 발음으로, 로마 발음은 "ㄲ, ㅃ, ㄸ, ㅂ"으로 발음하고, 고전 발음은 "ㅋ, ㅍ, ㅌ, 위"로 발음한다.

III. 모음의 장단과 강세

1. 모음의 장단

라틴어 단어들을 정확히 발음하기 위해서는 음절의 수와 강세의 규칙을 정확히 아는 것이 중요하다. 모음은 글자가 같더라도 경우에 따라서 어떤 때는 장모음이 되고, 어떤 때는 단모음이 된다. 사전을 보면 모음 위에 짧은 선(-)을 가로로 그어 놓은 것은 장모음 표시이고, 활등 같은 표시(◡)를 해놓은 것은 단모음 표시이다. 장단모음의 구분은 단어의 의미를 알기 위해서도 중

† 이 문장에서 'scholae'와 'vitae'는 여격 '~에'로 해석하는 것이 아니라, '~을 위하여'란 의미의 '이해 여격'으로 해석하여야 한다. 이러한 내용에 대해서는 필자의 다른 책 『카르페 라틴어 제2권 구문론』 편에서 자세히 설명하였다.

요하고, 품사론과 구문론의 상이한 기능을 설명하는 데도 중요하다. 그러나 앞에서도 한 번 언급했듯이, 이 책에서는 사전식으로 단어를 설명할 때만 장단음 표시를 해둔다.

E.g.

모음 장단에 따라 의미가 달라지는 단어

장모음	단모음
ōs, ōris, n. 입	ŏs, ossis, n. 뼈
mālum, -i, n. 사과	mălum, -i, n. 악
frĭgo, is, ĕre, ❸ intr. 구슬프게 울다, 흐느껴 울다	frīgo, is, frixi, frictum(frixum), ĕre, ❸ tr. 튀기다, 굽다, 볶다, 지지다

N.B. 영어 '*fry* (기름에) 굽다, 튀기다'는 frīgo 동사에서 유래한다.

1) 모음의 장단을 알아보는 규칙

❶ 자음이 두 개 이상 이어질 때 그 앞의 모음은 장모음이다.

❷ 모음이 두 개 이어질 때 앞의 모음은 단모음이다.

❸ māter, frāter: 로마인들은 장모음을 정확하게 단모음 길이의 두 배로 발음하였다.

E.g.

Chr**īs**tus ecclesĭ**a**

2) 음절의 분절 규칙[†]

❶ 모음 + 모음, 모음 + 이중모음의 경우 각각을 띄움

dea de-a 데아(여신) deae de-ae 데애(여신들)

❷ 모음 + 자음 + 모음의 경우 자음은 뒷 모음과 결합함

amicus a-mi-cus 아미꾸스(친구)

❸ 모음 + 자음 + 자음 + 모음의 경우 마지막 자음만 뒷 모음과 결합함

mitto mit-to 미또(보내다)

consumptus con-sump-tus 콘숨투스

('consumo 소비하다' 동사의 과거분사)

❹ 자음이 [p, b, t, d, c, g] + [l / r] 인 경우, 하나로 간주하여 뒷 모음과 결합함

patrem pa-trem 빠뜨렘('pater 아버지'의 대격 아버지를)

castra cas-tra 카스트라(진영, 진지)

❺ qu, ch, ph, th는 하나로 간주함

† *Wheelock's latin*, 7th, Introductio, p. XXXIX, syllables 항목 참조.

architectus ar-chi-tec-tus 아키텍뚜스(건축가, 창시자)
philosophia phi-lo-so-phia 필로소피아
(철학, 그리스어 Φιλοσοφὶα를 음차)

N.B. qu, ch, ph, th 그리스어를 라틴어로 음차하는 과정에서 생긴 것.

2. 강세

라틴어 단어는 영어와 마찬가지로 어떤 한 음절에 강세(악센트)를 주어 발음한다.

1) 두 개의 음절을 갖는 단어는 그 첫 번째 음절에 강세가 온다.

sér-vo 쎄르-보　　　　**saé**-pe 쌔-뻬

2) 셋 또는 그 이상의 음절을 갖는 단어

❶ 끝음절에서 두 번째 음절에 강세를 준다.
ser-**vắ**-re 세르-바-레　　　　cōn-**sér**-vat 콘-세르-밧

❷ 두 번째 음절이 단모음이면 하나 올라가 세 번째 모음에 강세를 준다.
mó-ne-ō 모-네-오(권고하다)　　　　**pá**-tri-a 빠-뜨리-아(조국)
pe-**cű**-ni-a 뻬-꾸-니-아(돈)　　　　**vó**-lu-cris 볼-루-크리스
(새, 날개 달린 곤충)

자음	발음법	예시 단어 ([ ] 안의 발음은 고전 발음)
B	'ㅂ'으로 발음한다.	barba(바르바), 턱수염 sub(수브), 아래
C	c 다음에 모음 a, o, u가 오면 '까, 꼬, 꾸'로 발음한다.	castellum(까스텔룸[카스텔룸]), 요새, 성 culpa(꿀빠[쿨파]), 과오, 탓
	c 다음에 모음 e, i, y가 오면 '체, 치, 치'로 발음한다.	Cicero(치체로[키케로]) census(첸수스[켄수스]), 인구조사
	c가 ac, ec과 같이 모음 뒤에 오면 ㄱ 발음을 하여 '악, 엑'으로 발음한다.	ac(악), 그리고 ecclesia(엑클레시아), 집회, 교회
	고전 라틴어에서는 ca, ce, ci, co, cu를 '카, 케, 키, 코, 쿠'로 발음한다. 우리나라에서 고전 라틴어의 이름을 표기할 때, 이러한 고전 발음을 따른다.	Cicero[키케로] Caesar[카에사르]
D	'ㄷ'으로 발음한다.	difficilis(디피칠리스), 어려운 damnum(담눔), 손해
F	영어의 f와 같이 아랫입술을 윗니에 댔다가 떼면서 발음한다.	fames(파메스), 기아 figura(피구라), 모습

G	a, o, u 앞에서는 '가, 고, 구'로 발음한다.	gaudium(가우디움), 기쁨 guberno(구베르노), 통치하다
	e, i 앞에서는 '제, 지'로 발음한다.	genesis(제네시스), 탄생 gigas(지가스), 거인
	서로 다른 자음이 결합된 중자음 gn은 gna(냐), gne(네), gni(니), gno(뇨), gnu(뉴)로 발음한다.	gnaritas(냐리따스), 지식 agnus(아뉴스), 어린양
	고전 라틴어에서는 모든 경우에 ㄱ 발음을 하여 모음 뒤에서는 ag, eg 등을 '악, 엑'으로 발음한다.	
H	'ㅎ'으로 발음한다.	habitus(하비뚜스), 습관 historia(히스토리아), 역사
	간혹 모음 뒤에 쓰일 때는 그 앞에 놓인 모음을 길게 발음한다.	Ah! 아! (감탄사)
J	라틴 자모의 열 번째 글자로 자음 '이'로 발음하고, 모음 i와 같이 발음된다. 원래 모음 i와 똑같이 표기되었으나, 고대인들은 별개의 문자인 자음으로 인정하였고, 철자도 j로 표기하였다. 경우에 따라 j를 i로 바꿔 놓기도 하기 때문에, j로 사전을 찾다 없으면 i에서 찾아야 한다.	Japonia(야포니아), 일본 J(I)esus(예수스), 예수 j(i)ustitia(유스띠찌아), 정의
K	'ㅋ'이나 'ㄱ' 발음이 난다.	Kalendae(칼렌대), 초하루 krisis(크리시스), 위기

L	'ㄹ'로 발음한다.	labor(라보르), 일 legio(레지오), 군대
M	'ㅁ'으로 발음한다.	magnificentia(마니피첸띠아[마그니피켄티아]), 장엄 medium(메디움), 중간
N	'ㄴ'으로 발음한다.	naris(나리스), 코 necessitas(네체씨따스), 필요
P	'ㅃ'으로 발음한다.	pater(빠떼르), 아버지 pax(빡스), 평화
Q	q는 반드시 u와 함께 쓰며 'ㄱ' 또는 'ㄲ'으로 발음한다. 즉, qua(꽈), que(꿰), qui(뀌), quo(꿔)로 발음한다.	quando(꽌도), 언제 quia(뀌아), ~이기 때문에
R	영어의 r 발음과 같다. 로마인들은 이 자음을 'littera canina'라고 불렀는데, 그 이유는 이 발음이 개가 으르렁대는 소리를 연상시켰기 때문이다.	rana(라나), 개구리 regina(레지나), 여왕
S	영어의 see의 /s/처럼 항상 무성음이다. 절대 영어의 ease/ʒ/와 같이 'ㅈ'으로 발음하지 않는다.	sed(세드), 그러나 satisfactio(사띠스팍띠오), 만족

	'ㅌ, ㄸ'로 발음된다. t 앞에 t, s, x 등의 철자가 있으면 'ㅌ'로 발음한다. N.B. 결코 영어의 nation, mention 처럼 sh/ʃ/로 발음하지 않는다.	mixtio(믹스티오), 혼합 studium(스투디움), 공부
T	ti 다음 모음이 오면 tia(띠아), tie(띠에), tii(띠이), tio(띠오), tiu(띠우)로 발음한다.	totius(또띠우스[토티우스]), 전부의 bestia(베스띠아[베스티아]), 짐승
	ti에 강세가 없고 모음이 선행하면 'zi'로 발음한다.	ămicítĭa(아미치찌아), 우정 grátĭa(그라찌아), 감사
	로마 발음은 반모음 u를 v로 대체, 표기하여 영어의 w로 발음한다.	
U, V	고전 발음에서 반모음 u는 v로 대체되지 않고 그대로 u로 표기하고 발음되었다.	vivere, valeo, caveo 등의 단어들은 uiuere, ualeo, caueo라고 표기하였으며, "위에러, 위알레오, 카위에오"라고 발음하였다.§
X	영어의 axle처럼 'ks'(-ㅋ스) 소리로 발음된다. 절대 영어의 exert처럼 gz로 발음되지 않는다.	expertus(엑스뻬르뚜스), 검증된 nox(녹스), 밤
Z	그리스어 Z를 옮겨 적은 것으로 /ds/, /s/로 발음하였고, 우리말로는 'ㅈ'으로 발음한다.	zelus(젤루스), 열망, 질투 zona(조나), 지역

§ 라틴인들은 오늘날 우리처럼 U와 V를 구분하지 않고, V는 대문자로 사용하고 소문자의 발전과 더불어 u를 쓰게 되었다. VIVO uiuo, VNVS unus 이렇게 말이다. 라틴인들은 v라는 철자를 가지지 않았고 그것에 대한 발음도 없었던 것 같다. U와 V를 구분하게 된 것은 인문주의자들에 의해서다. Cf. A. Traina, G. Bernardi Perini, *Propedeutica al Latino Universitario*, Patron Editore 2007, p. 53.

LECTIO III

DIFFERENTIAE INTER LATINAM COREANAMQUE LINGUAM

변하는 품사(명사, 형용사, 대명사, 동사)와 격
/ 변하지 않는 품사(부사, 전치사, 접속사, 감탄사)

DIFFERENTIAE INTER LATINAM COREANAMQUE LINGUAM

라틴어와 한국어의 차이

함께하는 라틴어 이야기

De Latina lingua 라틴어에 대하여

Latina Lingua valde difficilis; habet enim declinationes, coniugationes multasque alias regulas Coreanis ignotas. Sed Latina lingua etiam praeclara est; nam antea erat lingua omnium fere doctorum, et adhuc nunc permulti Latinae linguae student.

라틴어는 매우 어렵다. 왜냐하면 명사의 어미변화들, 동사의 활용들과 한국인에게 알려지지 않은 수많은 다른 규칙들이 있기 때문이다. 그러나 라틴어는 한층 더 고귀하다. 그 이유는 이전에 거의 모든 학자들의 언어였고, 지금도 여전히 많은 사람들이 라틴어를 공부하기 때문이다.

소위 대머리왕이라 불리던 카룰루스와 로타리우스 1세가 통치하던 시기에 아일랜드의 교사였던 세둘리우스 스코투스는 인간 존재의 8가지 근본 기능을 8품사로 표현하면서, 품사에 대한 인류학적인 해석을 발전시켰다.* 그렇게 해서 인간 존재의 근본 기능을 표현하는 라틴어의 품사는 8품사이다. 8품사에는 명사, 형용사, 대명사, 동사, 부사, 전치사와 접속사, 감탄사가 있다. 이 8개의 품사 가운데 명사, 형용사, 대명사, 동사는 어미변화가 있다. 반면 부사, 전치사, 접속사, 감탄사는 변화가 없기에 '불변화사'라고 한다. 라틴어 학습이 어려운 것은 바로 어미가 변하는 품사들 때문으로, 대부분의 학습자가 명사와 형용사, 그리고 동사의 어미변화에서 '헉' 소리를 내고 무릎을 꿇는다. 그래서 이 과에서는 명사, 형용사, 대명사, 동사의 어미변화 용례는 들지 않을 것이다. 그 이유는 '예'만 보고도 라틴어 학습을 포기할 수도 있기 때문이다. 라틴어 학습에 있어 가장 중요한 자세는 긴 호흡이다. 설령 이 책에서 만나게 되는 내용이 다소 어렵게 느껴지더라도 포기하지 말고 '라틴어는 이런 언어구나' 하고 알아간다는 마음으로 함께해주기를 바란다.

---

* 움베르토 에코 기획, 김효정, 최병진 옮김, 차용구, 박승찬 감수, 『중세I』, 시공사 2018, 572쪽 참조.

1. 명사

1) 라틴어 명사에는 성(性)이 있다. 남성, 여성, 중성

라틴어에서는 성(性, genus)에 따라 명사를 분류하며, 라틴어 명사의 성에는 남성, 여성, 중성 세 가지가 있다. 그중 '소녀(여성)', '아버지(남성)', '아들(남성)'과 같이 실제 자연적인 성을 따르는 경우도 있지만 대다수의 명사는 '장미(여성)', '삶(여성)', '바람(남성)', '도시(여성)' 등과 같이 문법적으로 성을 부여받았다. 중성은 "이것도 저것도 아니다"라는 뜻으로, 성이 없는 무생물이거나, 문법적으로 남성도 여성도 부여받지 못한 단어들을 지칭한다. 이러한 성이 단어의 의미에는 거의 영향을 미치지 않지만 단어 표기의 형태가 달라진다.

2) 라틴어 명사에는 수(數)가 있다. 단수와 복수

우리말도 단수와 복수가 있지만 라틴어만큼 엄격하지 않다. 라틴어의 성과 단복수는 형태도 변하고 문법적으로 엄격하게 적용되었다. 그 대표적 사례가 바로 중세 법문의 해석에 있어서다. 법문이 단수로 적혀 있으면 복수에는 적용하지 않고, 복수로 적혀 있으면 단수에는 적용하지 않았다. 또한 법문이 여성으로 적혀 있으면 남성에게는 적용하지 않았다.

3) 격(格)

격(casus)은 우리말에서 '은/는', '을/를', '의', '에게', '여!'와 같은 조사의 역할을 명사의 어미변화를 통해 표현한 것을 말한다. 예를 들어, 문장 안에서 'pŭella'라고 쓰였다면 이것은 '소녀는'으로 해석하며 주어에 해당하는 '주격'을 나타낸다. 반면 'pŭellam'이라고 쓰였다면 이것은 '소녀를'로 해석하며 목적에 해당하는 '대격'을 나타낸다. 즉, 간단히 말해 한국어는 조사로 주격과 목적격을 구분한다면(소녀는, 소녀를), 라틴어는 조사 없이 어미변화(pŭella, pŭellam)로 격을 드러내는 것이다. 이러한 격에는 모두 여섯 가지(주격, 속격, 여격, 대격, 탈격, 호격)가 있다.

❶ 여섯 가지 격

라틴어에서 명사의 격은 총 6개가 있다.

• 주격(nominativus; nom.)

동사의 주체를 지시하기 위해서 사용하는 격이며, 우리말로 "은/는, 이/가"라고 옮긴다. 보통 문장의 주어에 사용한다.

• 속격(genitivus; gen.)

다른 명사를 수식하거나 한정하는 역할을 하는 명사의 격이다. 우리말로 "누구의, ~의"라고 옮긴다. 속격의 위치는 일반적으로 명사 앞에 둔다.

• **여격(dativus; dat.)**

문장 안에서 "주다"라는 의미의 수여동사가 "~에게 ~을 주다"라는 문장에 쓰일 때 문장 안에서 "~에게"라고 해석되는 간접목적어의 역할을 한다. 따라서 여격은 동사가 표현하는 동작에 간접적으로 영향을 받는 사람이나 사물을 가리키며, 우리말로 "~에게" 또는 "~에"라고 옮긴다.

• **대격(accusativus; acc.)**

동사가 표현하는 동작에 직접적으로 영향을 받는 사람이나 사물을 가리킨다. 우리말로 "누구를, 무엇을"이라고 옮기며, 문장 안에서 직접목적어 역할을 한다. 또한 전치사와 함께 대격을 사용하기도 한다.

• **탈격(ablativus; abl.)**

동사의 간접목적어나 동사의 부사적인 관계를 표시하여 수단(*by/with what*), 행위자(*by whom*), 동반(*with whom*), 방법(*how, in what way*), 장소(*where, from which*), 시간(*when*) 등을 나타낸다. 탈격은 문장에 따라 우리말로 "어디서", "누구에 의하여", "무엇으로" 등의 다양한 의미로 해석한다. 또한 탈격은 종종 전치사와 함께 사용하기도 한다.

• **호격(vocativus; voc.)**

말 그대로 호칭할 때 사용하는 격이다. 우리말로 "~님, ~야, ~여"라고 옮길 수 있다.

❷ 격에 따른 명사의 어미변화

명사의 6개의 격은 단·복수 총 12개의 어미로 변한다.

E.g

주격: Corea paeninsula est, non insula. 한국은 반도지 섬이 아니다.

속격: Coreae caelum salubre est. 한국의 기후는 건강에 좋다.

여격: Coreae pacem portat. 그가 한국에 평화를 가져다준다.

대격: Coream amamus. 우리는 한국을 사랑한다.

탈격: In Corea habitamus. 우리는 한국에서 산다.

호격: Corea, patria mea es! 한국이여, 너는 나의 조국이다!

VOCABULA

pae(pen-)ninsŭla, -ae, f. 반도

caelum, caeli, n. 하늘, 공기, 기후, 천국

sălūbĕr, sălūbris, sălūbre, adj. 건강에 좋은, 건전한

pax, pācis, f. 평화

porto, portas, portāvi, portātum, portāre, ❶ tr. 운반하다, 데려가다, 가져다주다

ămo, ămas, ămāvi, ămātum, ămāre, ❶ tr. 사랑하다, 좋아하다

hăbĭto, hăbĭtas, hăbĭtāvi, hăbĭtātum, āre, ❶ tr. et intr. 살다, 거주하다

pătrĭa, pătrĭae, f. 조국

mĕus, mĕa, mĕum, adj. et pron. 나의

2. 형용사

형용사도 명사와 마찬가지로 남성, 여성, 중성의 성을 가지며, 단수와 복수, 그리고 6개 격의 형태를 가지고 있다. 형용사는 명사를 꾸며 주는 품사이기 때문에 형용사를 사용할 때에는 형용사가 꾸며 주는 명사의 성, 수, 격과 일치하도록 해야 한다.

3. 대명사

라틴어의 대명사를 뜻하는 'pronomen'은 'pro(대신에)'와 'nomen(이름, 명사)'이 결합된 말이다. 대명사의 종류에는 크게 지시대명사, 인칭대명사, 관계대명사가 있다. 대명사의 문법적 용법은 명사를 대신하여 쓰이며 인칭대명사를 제외하고 모두 형용사의 역할도 겸한다.

4. 동사

동사는 여타의 다른 언어와 마찬가지로 문장 구조상 가장 중요한 품사로서, 라틴어 동사는 주어의 '수(numerus)'와 '인칭(persona)'에 따라 '어미활용(coniugatio)'을 한다. 라틴어 동사는 태(vox: 능동태, 수동태), 서법(modus: 직설법·접속법·명령법·부정법)과 여섯 가지 시제(tempus: 과거완료, 단순과거, 미완료, 현재, 미래완료, 미래)를 가진다.

N.B. 라틴어 사전에서 동사를 찾을 때는 동사의 부정법 형태를 찾으면 나오

지 않는다. 직설법 현재 단수 1인칭(나는 ~한다)의 형태로 찾아야 한다. 즉, 'Coream amamus.'라는 문장에서 amamus의 뜻을 찾으려면 이 동사의 현재 단수 1인칭, ămo를 기준으로 찾아야 한다는 말이다.

II. 변하지 않는 품사: 불변화사(Particula)

불변화사에는 부사, 전치사, 접속사, 감탄사가 있다.

E.g

부사: Satis diximus. 우리는 충분히 말했다.

전치사: Venio ab urbe. 도시에서 온다.

접속사: Marcus et Quintus librum legunt. 마르쿠스와 퀸투스는 책을 읽고 있다.

감탄사: Heu me miserum! (키케로) 아이고, 불쌍한 내 신세야!

✳ 연습문제 3강 - 2P

LECTIO IV

SCHOLAM FREQUENTO

제1변화 명사의 어미변화
/ 제1변화 명사 '수'에 있어서의 예외

SCHOLAM FREQUENTO.

학교에 다니다.

함께하는 라틴어 이야기

고대 로마에서는 주로 부모가 자녀들의 읽기legere와 쓰기scribere, 셈numerare 등의 교육을 돌보았다. 그러다 서기 2세기경 최초의 학교가 열렸는데, 이 학교는 초등, 중등, 고등 세 단계로 나뉘었으며 로마의 초등학교는 '루드스 빠르보룸 뿌에로룸parvorum puerorum ludus'이라고 하여 '어린 아이들의 학교'라고 불렸으며, 만 7세가 된 아이들이 등록할 수 있었고 초등학교에서 선생님은 아이들에게 읽기, 쓰기, 속기, 산수 등을 가르쳤다. 중학교는 '문학 학교'라는 의미의 '리테라룸 루드스litterarum ludus'라고 해서 만 11세가 된 남자 아이만이 열여섯 살까지 다닐 수 있었다. 중학교의 문법 선생님은 학생들에게 그리스어와 라틴어, 고전 읽기, 역사, 지리, 천문학과 물리학을 가르쳤다. 고등학교는 '순수 문학 학교'라는 의미의 '인제누아룸 리테라룸 루두스ingenuarum litterarum ludus'라고 해서 웅변술 선생님이 웅변과 수사학을 가르쳤고, 법학은 수사학의 한 과목으로 가르쳤다.

『라틴어 수업』*에서도 한 번 언급했듯이, '리테라룸 루드스', 문학 학교의 문법 교사는 그리스어와 라틴어를 가르쳤는데, 그들이 "첫 수업은 휴강이다 Prima schola alba est"라고 말한 뒤에 수업한 내용이 바로 이번 강에서 설명할 내용으로, 바로 '제1변화 명사'다. 로마인도 라틴어를 글과 문법으로 배웠기 때문에 문법적인 순서에 따라 대부분 제1변화 명사부터 설명했으며 현대 유럽의 학교와 라틴어 문법서도 대부분 제1변화 명사부터 이야기를 시작한다. 잠시 개인적인 경험을 덧붙이자면, 신학교 시절 라틴어 수업 첫 시간에 제1변화 명사의 어미변화를 배우고 '뜨악!' 했던 기억이 난다. 하지만 이내 신세계에 들어온 것만 같았다. 중고등학교에서 무조건 외웠던 영어 단어들이 라틴어를 배우면서 보이기 시작했기 때문이었다. 가령 agricultura는 영어의 *agriculture*, causa는 *cause*, familia는 *family*, forma는 *form*, poeta는 *poet*, rosa는 *rose*, schola는 *school*로 읽혀지기 시작했다. 여기서 poeta의 경우 이탈리아어 poeta, 프랑스어 poète, 스페인어 poeta, 포르투갈어 poeta로 파생된다. 이제부터 여러분도 라틴어 단어를 전혀 모르지 않으며, 동시에 그간 무조건 영어 단어를 외웠던 시간이 무의미하지 않다는 것을 느꼈으면 좋겠다. 이게 가능해지면 라틴어에서 이탈리아어, 라틴어에서 스페인어와 불어로 가지를 뻗어 나가게 된다.

---

* 한동일, 『라틴어 수업』, 흐름출판 2017, 30쪽 참조.

제1변화 명사는 단수 주격의 어미가 -a, 단수 속격의 어미가 -ae로 끝나는 동일한 형태를 취한다. 제1변화 명사는 대부분 여성명사이며, 약간이지만 남성명사도 존재한다. 제1변화 남성명사 역시 제1변화 여성명사와 동일한 어미변화 형태를 가진다.

· 제1변화 명사의 어미변화

격 ＼ 수	단수	복수
nom.	-ă	-ae
gen.	-ae	-arum
dat.	-ae	-is
acc.	-am	-as
abl.	-ā	-is
voc.	-ă	-ae

• **제1변화 여성명사의 어미변화 예시**

격 ＼ 수	단수	복수
nom.	ros-**ă** 장미가	ros-**ae** 장미들이
gen.	ros-**ae** 장미의	ros-**arum** 장미들의
dat.	ros-**ae** 장미에게	ros-**is** 장미들에게
acc.	ros-**am** 장미를	ros-**as** 장미들을
abl.	ros-**ā** 장미로	ros-**is** 장미들로
voc.	ros-**ă** 장미여	ros-**ae** 장미들이여

• **제1변화 남성명사의 어미변화 예시**

격 ＼ 수	단수	복수
nom.	agricol-**ă** 농부가	agricol-**ae** 농부들이
gen.	agricol-**ae** 농부의	agricol-**arum** 농부들의
dat.	agricol-**ae** 농부에게	agricol-**is** 농부들에게
acc.	agricol-**am** 농부를	agricol-**as** 농부들을
abl.	agricol-**ā** 농부로부터	agricol-**is** 농부들로부터
voc.	agricol-**ă** 농부여	agricol-**ae** 농부들이여

· **대표적인 제1변화 명사의 예**

ăgrĭcultūra, -ae, f. 농업

ăqua, -ae, f. 물

causa, -ae, f. 원인, 소송

cŏrōna, -ae, f. 화관, 왕관

ĕpistŭla, -ae, f. 편지

fāma, -ae, f. 소문, 명성

fămĭlĭa, -ae, f. 가정

forma, -ae, f. 모양, 고운 몸매

formīca, -ae, f. 개미

fortūna, -ae, f. 행운, 운명

insŭla, -ae, f. 섬

lūna, -ae, f. 달

pŭella, -ae, f. 소녀, 젊은 여자

rēgīna, -ae, f. 여왕

rŏsa, -ae, f. 장미

săpĭentĭa, -ae, f. 지혜

schŏla, -ae, f. 학교, 수업

silva, -ae, f. 숲

stella, -ae, f. 별

terra, -ae, f. 땅

· **제1변화 남성명사의 예**

ăgrĭcŏla, -ae, m. 농부

advĕna, -ae, m. 이방인

nauta, -ae, m. 선원

pŏēta, -ae, m. 시인

· **제1변화 명사의 어미변화 특징**

❶ 단수 주격, 단수 탈격, 단수 호격의 어미는 모두 -a

N.B. 단수 주격과 단수 호격은 단모음 -ă, 단수 탈격은 장모음 -ā이다.

❷ 단수 속격, 단수 여격, 복수 주격, 복수 호격의 어미는 모두 -ae

❸ 복수 여격, 복수 탈격의 어미는 모두 -is

어미변화의 부담을 덜어주는 관사의 사용

고전 라틴어뿐 아니라, A.D. 1세기부터 지중해 연안 주민들이 사용하기 시작한 '대중 라틴어Latinitas vulgate'에서도 이미 라틴어의 어미는 약하게 발음되거나, 생략되는 현상이 발생했다. 'Romanice loqui', 즉 로마인의 말을 하는 식자층에게는 라틴어의 어미변화가 별 어려움이 없었겠지만, 대중에게는 당시에도 여전히 어려운 언어였기 때문이다. 그래서 점차 어미변화가 단순화되기 시작했으며, 어미변화 자체가 없는 몇몇 명사도 파생되었다. 그리고 라틴어 명사의 어미변화가 완전히 사라지게 된 결정적인 계기는 바로 관사의 출현이다.

관사의 사용은 그리스어에서 처음 발견되지만, 라틴어는 우리말과 같이 관사라는 개념에 상응하는 단어가 없다. 관사라는 문법적 용법을 이탈리아어에 처음 적용시켜 강조한 사람은 피렌체 사람인 베네데토 부옴마테이Benedetto Buommattei, 1581~1648이다.* 관사를 통해, 유럽어에서는 명사의 성과 수를 표시할 수 있게 됐으며, 엄격한 어순의 사용을 통해서 격도 표시될 수 있었다. 그러고 보면 라틴어 문법은 우리뿐만 아니라 당시 유럽의 대중에게도 어렵긴 어려웠던 모양이다. 그 점이 조금이나마 위안이 되기를 바란다. 관사가 없었다면 지금 여러분을 당황스럽게 만드는 라틴어 명사의 성, 수, 격에 따른 어미변화를 모두 다 외워야 한다.

---

* Cf. M. Dardano, P. Trifone, *La lingua italiana*, Bologna 1985, p. 91.

• **단수로만(Singularia tantum) 쓰는 명사**

추상적 개념을 나타내는 다음의 명사는 단수로만 쓴다.

audācĭa, -ae, f. 용기

iustĭtĭa, -ae, f. 정의

săpĭentĭa, -ae, f. 지혜

• **복수로만(Pluralia tantum) 쓰는 명사**

dēlĭcĭae, -arum, f. 즐거움, 쾌락

dīvĭtĭae, -ārum, f. 재산, 재물

insĭdĭae, -ārum, f. 간계, 복병

mĭnae, -ārum, f. 협박, 위협

nuptĭae, -ārum, f. 결혼

thermae, -ārum, f. 온천

Āthēnae, -ārum, f. 아테네

Cannae, -ārum, f. 칸나에

Cūmae, -ārum, f. 쿠마

Syrācūsae, -ārum, f. 시라쿠사

Thēbae, -ārum, f. 테베

• **단수와 복수의 의미가 다른 명사**

단수	복수
ăqua, -ae, f. 물	āquae, -ārum, 온천, 약수
cōpĭa, -ae, f. 많음, 풍성, 풍요	cōpiae, -ārum, 양식, 군대
fortūna, -ae, f. 운, 행운, 운명	fortūnae, -ārum, 재산, 부(富)
littĕra, -ae, f. 글자	littĕrae, -ārum, 편지, 문학
ŏpĕra, -ae, f. 수고, 노력	ŏpĕrae, -ārum, 노동자
vĭgĭlĭa, -ae, f. 깨어 있음, 경비	vĭgĭlĭae, -ārum, 경계병

N.B. 라틴어 'aqua, 물'은 이탈리아어 acqua, 프랑스어 eau, 스페인어 agua, 포르투갈어 água, 독일어 Wasser, 영어 water이다. 이러한 이유로 워드로 라틴어 문서를 작성할 때 자동 맞춤법 교정 기능을 꺼두어야 한다.

✳ 연습문제 4강 - 6P

TABVLIS IVSSV CLEMENTIS XIII PONT MAX

LECTIO V

PRIMA SCHOLA ALBA EST

여성 형용사 제1형 / 라틴어 어순
/ '그리고'를 뜻하는 연계접속사

PRIMA SCHOLA ALBA EST.

첫 수업은 휴강입니다.

함께하는 라틴어 이야기

대학에서 봄 학기 〈초급 라틴어〉 첫 수업 시간에는 학생들이 왜 라틴어 수업을 듣는지에 대해 듣고 나서 수업의 궁극적 목표를 설명했다. 그리고 라틴어 교재와 중간고사 과제물인 '나의 인생에 대하여De mea vita'에 대한 설명을 마치고 나면 로마 시대와 가톨릭 신학교의 교사가 수업 첫날에 학생들에게 했던 말, '프리마 스콜라 알바 에스트'를 칠판에 쓰고 학생들에게 운동장으로 나가 봄날의 아지랑이를 보라고 시켰다. 이 역시 《라틴어 수업》에서 이야기한 바 있다. 그것은 공부한다는 것, 살아간다는 것이 우리 마음속의 아지랑이를 보는 일과 같기 때문이다. 언어를 비롯해 대학에서 학문을 한다는 것은 단순히 지식을 양적으로 늘리는 것이 아니라 '틀을 만드는 작업'이다. 그것은 학문을 하는 틀이자 인간과 세상을 보는 틀을 세우는 것이다. 그래서 모든 공부는 향후 자신에게 필요한 지식이 어디에 위치해 있는지 알고, 그것을 빼서 쓸 수 있도록 지식을 분류해 꽂을 책장을 만드는 것이다. 그리고 지금 나의 모습이 전부가 아님을, 아니 전부가 되지 않게 만들어야 한다. 여러분도 지금부터 머릿속에 그런 하나의 책장을 마련하고 이 강의 내용을 같이 공부했으면 좋겠다.

Prima schola alba est.

자, 이 짧은 라틴어 단문을 이해하기 위해서는 제1변화 명사, 여성 형용사 제1형, 형용사의 용법, 영어의 be 동사에 해당하는 라틴어 sum 동사의 직설법 현재를 알아야 하는데, 문장 속 schola의 품사인 제1변화 명사에 대해서는 지난 강에서 살펴보았다. 이번 강에서는 형용사(prima, alba)와 sum 동사(est)에 대해서 알아보고자 한다.

I. 여성 형용사 제1형(Adiectivum femininum primae classis)

제1변화 명사와 어미변화를 똑같이 하는 여성 형용사 제1형에 대해 알아보자. 그러니 특별히 긴장할 필요가 없고 앞의 내용을 기억하지 못했다고 자책할 필요도 없다. 어차피 공부는 한 귀로 듣고 한 귀로 흘려보내는 수많은 과정의 반복이니, 내가 잘 잊어버린다면 나는 공부에 훌륭한 소질이 있는 사람이라고 생각하고 공부를 다시 하면 된다. 공부는 끝까지 하는 능력이다.

○ 어원적으로 형용사란 말은 라틴어로 'nomen adiectivum'으로 '명사에 첨가된 말'이라는 의미다.

○ 라틴어 형용사는 명사를 수식·서술하며, 수식·서술하는 명사와 성(性)·수(數)·격(格)을 일치해야 한다. 이때 어간은 명사와 마찬가지로 변하지 않는다.

○ 형용사의 위치는 일반적으로 수식하고자 하는 명사 앞에 두며, 소유형용사는 명사 뒤에 둔다.

○ 라틴어 형용사는 명사와 마찬가지로 남성, 여성, 중성의 성을 가지며, 단수·복수의 수와 6개의 격(주격, 속격, 여격, 대격, 탈격, 호격)을 가진다.

○ 라틴어 형용사의 격변화에는 크게 '제1형(prima classis)'과 '제2형(secunda classis)'이 있다. ☞ 151쪽 참조

격 ＼ 수	단수	복수
nom.	primă scholă 첫 수업은	primae scholae 첫 수업들은
gen.	primae scholae 첫 수업의	primarum scholarum 첫 수업들의
dat.	primae scholae 첫 수업에	primis scholis 첫 수업들에
acc.	primam scholam 첫 수업을	primas scholas 첫 수업들을
abl.	primā scholā 첫 수업으로	primis scholis 첫 수업들로
voc.	primă scholă 첫 수업이여	primae scholae 첫 수업들이여

E.g.1.

Magistra sedulam discipulam amat.

여선생님은 열심한 여학생을 좋아한다.

Magistra sedulas discipulas amat.

여선생님은 열심한 여학생들을 좋아한다.

⇒ discipulam이 단수 여성 대격이기에 형용사도 여성 단수 대격 sedulam을 쓴다. discipulas가 복수 여성 대격이기에 형용사도 여성 복수 대격 sedulas를 쓴다.

⇒ 여기서 알 수 있는 중요한 팁! 여성 형용사가 제1변화 명사의 어미변화를 따른다는 점이다. 그래서 형용사의 어미변화는 통상 각 유형별 어미변화를 배운 뒤에 다룬다. 이 책에서 제1변화 명사의 어미변화를 다룬 뒤에 여성 형용사 제1형을 살피는 것도 그런 이유에서다.

위의 예문을 남성으로 바꾸면 어떻게 될까?

E.g.2.

Magister sedulum discipulum amat.
선생님은 열심히 학생을 사랑한다.
Magister sedulos discipulos amat.
선생님은 열심히 학생들을 사랑한다.

VOCABULA

magister, -trī, m. 선생, 교사 discipulus, -ī, m. 학생

⇒ 위에 사용된 magister, discipulus는 제2변화 명사이고 남성이다. 남성 형용사 제1형은 제2변화 명사를 학습한 뒤에 설명할 것이다. 그 이유는 형용사의 어미변화는 명사의 어미변화를 따르기 때문이다.

라틴어 문장 안에서 문장 요소는 비교적 자유롭게 배치한다. 즉, 어순이 엄격히 고정되어 있지 않다는 말이다. 일반적인 라틴어의 어순은 "주어(동사에 의해 생략 가능) + 주어의 형용사 + 간접목적어 + 직접목적어 + 부사 또는 부사구 + 동사" 순으로 표현하지만 이 또한 반드시 지켜야 하는 원칙은 아니다. 그렇다면 라틴어에 일정한 어순이 없는 이유는 뭘까? 그것은 라틴어가 다양하고 정확한 격과 인칭에 따른 어미변화를 가지기 때문이다. 이를 통해 지시하고자 하는 바를 정확히 나타낼 수 있기 때문에 어순이 바뀌어도 의미 전달에 큰 문제가 없다.

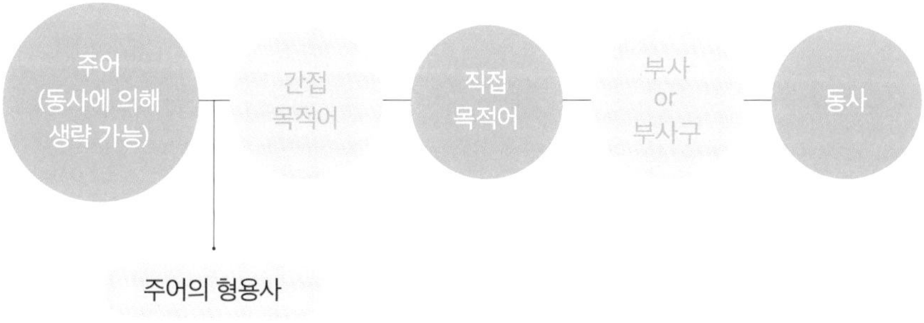

"소년이 아름다운 소녀에게 장미를 준다." 이 문장을 라틴어로 옮기면 다음과 같다.

❶ Puer pulchrae puellae rosam dat.
❷ Pulchrae puellae puer rosam dat.
❸ Pulchrae puellae rosam dat puer.
❹ Rosam puer pulchrae puellae dat.

어순에 상관없이 의미는 같다고 해도, ❶의 번역이 구문론상 가장 잘된 번역이다. 문장 안에서 동사는 인칭과 수에 있어서 주어와 일치해야 한다. 또 명사 어미 -ae와 같이 여러 가지 격(단수 속격, 단수 여격, 복수 주격, 복수 호격)을 나타내는 경우에는 어순과 문맥의 의미에 따라 단어의 격을 파악해야 한다. 일반적으로 로마인은 독자나 청자의 관심을 끌기 위해 동사를 문장의 맨 끝에 놓는 경향이 있었고, 형용사와 속격 명사는 일반적으로 수식하는 단어 뒤에 놓곤 했다.

III. '그리고'를 뜻하는 연계 접속사

et	가장 일반적인 등위접속사로 단어와 단어, 문장과 문장을 대등한 관계로 연결한다.	Magistrae et discipulae 여선생님들과 여학생들
atque	주로 모음으로 시작하는 단어 앞에 쓴다.	Magistrae atque discipulae
ac	ac은 주로 c, g, q를 제외한 자음으로 시작하는 단어 앞에 쓰는 접속사로 et와 같은 의미로 사용되었다.	Magistrae ac discipulae
-que	전접 연계 접속사로 이어 주는 단어 끝에 붙여 쓴다. -que와 결합된 단어를 강조한다.	Magistrae discipulaeque

✳ 연습문제 5강 - 13P

LECTIO VI

DESIDERO ERGO SUM

라틴어 동사의 활용 형태
/ sum 동사의 직설법 현재 / 동사의 부정법

DESIDERO ERGO SUM.

나는 욕망한다. 그러므로 나는 존재한다.

함께하는 라틴어 이야기

'나는 욕망한다Desidero. 그러므로ergo 나는 존재한다sum'라는 제목은 『라틴어 수업』 21과의 내용이었다. 책에서는 스피노자의 주장을 들면서 욕망 자체가 선하거나 악한 것이 아니라 욕망 자체의 본질을 이해해가길 바란다는 이야기와 함께 이성으로 인간 욕망을 지배하거나 억압하지 말라고 말했다. 인간의 욕망은 오히려 창조적이고 능동적인 인간을 상징하는 그 무엇이다. 중요한 것은 욕망과 관련하여 무엇이 자기 능력을 증대시키고 자유롭게 만드는지를 아는 데 있다고. 그런데 이 『초급 라틴어』에서 다시 이 예문을 든 것은 라틴어 동사의 동사 변화 또는 동사 활용에 대한 문법을 설명하기 위해서다.

앞선 강에서 살펴본 제1변화 명사나 여성 형용사 제1형도 어렵게 느껴질 수 있지만 실제로 라틴어를 배우는 사람들이 라틴어를 포기하게 되는 가장 큰 이유는 라틴어 동사 때문이다. 영어에서는 동사라고 하면 규칙 동사와 불규칙 동사 정도로 생각할 수 있는데, 라틴어는 제1활용, 제2활용, 제3활용, 제4활용 동사가 있다. 이것으로 끝이 아니라 그 다음은 '탈형 동사' 제1활용, 제2활용, 제3활용, 제4활용이 있고, '반탈형 동사'가 있으며 많은 불규칙 동사가 등장한다. 결국 따져보면 각 동사의 활용마다 대략 160개 이상의 동사 변화가 있다. (탈형 동사와 반탈형 동사가 무엇인지는 적당한 때에 설명할 것이다.) 그러나 긴장하지 마시길! 규칙이 없다면 어떻게 이 많은 내용을 머릿속에 다 욱여넣을 수 있겠는가! 라틴어는 변형의 가짓수가 많고 복잡하기는 하지만 아주 명확한 규칙을 따른다. 그 점이 바로 라틴어의 특징이자 매력이라고 할 수 있다. 이러한 라틴어의 특징이 평범한 두뇌를 비범한 두뇌로 바꾸어주는 역할을 하는지도 모른다. 이렇게 힘든 공부를 한 사람에게 더 어려운 공부가 뭐가 있겠는가? 자, 그럼 이제부터 라틴어 동사의 활용에 대해 알아보자.

I. 라틴어 동사의 활용 형태

○ 동사의 활용이란 인칭, 수, 시제, 서법, 태에 따라 동사의 어미가 변하는 것을 말한다.
○ 라틴어 동사는 어간과 어미 부분으로 구성된다. 어간은 대체로 변하지 않으며 어미는 인칭과 수 등에 따라 변한다.

E.g.
laudo, laudas, laudat …
moneo, mones, monet …
lego, legis, legit …

N.B. 앞에서 언급한 바 있듯이, 사전에서 라틴어 동사를 찾을 때는 동사의 원형이 아니라 직설법 현재 단수 1인칭으로 찾아야 한다. 문장 속 동사의 어미를 떼고 어간에 'o(-e, -i)'를 붙여 사전에서 찾는다.

이 책의 동사는 '동사의 기본형'에 숫자로 그 동사가 몇 활용 동사인지를 표시해주었다. 이 다섯 가지 기본형을 모두 표기하는 이유는, 이 형태를 기준으로 어미변화를 하기 때문이다.

E.g.

ăgo, ăgis, -ēgi, -actum, -ĕre, ❸ tr. 행하다, 다루다

ăgo	**ăgis**	**-ēgi**	**-actum**	**-ĕre**	**❸**	**tr (intr)**	**행하다, 다루다**
직설법 현재 단수 1인칭	단수 2인칭	단순 과거	목적 분사	동사 원형	활용 형태	타동사 (자동사)	의미

※ 라틴어의 서법 중 직설법은 '문장의 내용을 현실적, 객관적으로 묘사하는 서법'이다. 화자의 판단이 개입되지 않으며 행위와 상황, 과정을 표현하거나 묘사할 때 사용된다.

1. 라틴어 동사의 네 가지 활용 형태

네 가지 동사의 활용 형태는 어미의 형태에 따라 '-are, -ēre, -ĕre, -ire'로 나뉘며, '-a, -e, -i' 연결 모음(다음 네 가지 활용 형태의 직설법 현재 능동 표 참조)에 따라 구분된다. 제3활용 동사는 예외적으로 제2활용과 제4활용 동사의 어미변화를 혼용하여 사용한다.

제1활용: laudō, laudās, laudāvi, laudātum, laud-āre '칭찬하다'

제2활용: mŏvĕo, movēs, mōvi, mōtum, mov-ēre '움직이다'

제3활용: lēgo, legis, lēgi, lectum, leg-ĕre '읽다'

제4활용: audĭo, audis, audīvi, audītum, aud-īre '듣다'

2. 내 가지 활용 형태의 직설법 현재 능동

○ 제1활용 동사는 사전에서 가장 많은 어휘를 차지한다.

○ 라틴어 직설법 현재 능동은 현재와 현재 진행의 의미를 가진다.

N.B 동사의 시제와 서법에 관한 내용은 175쪽에 정리해두었다.

• 제1~4활용 직설법 현재 능동 어미변화

구분	제1활용	제2활용
1인칭 단수	laud-**o** 나는 칭찬한다	move-**o** 나는 움직이다
2인칭 단수	lauda-**s** 너는 칭찬한다	move-**s** 너는 움직이다
3인칭 단수	lauda-**t** 그는 칭찬한다	move-**t** 그는 움직이다
1인칭 복수	lauda-**mus** 우리는 칭찬한다	move-**mus** 우리는 움직이다
2인칭 복수	lauda-**tis** 너희는 칭찬한다	move-**tis** 너희는 움직이다
3인칭 복수	lauda-**nt** 그들은 칭찬한다	move-**nt** 그들은 움직이다

구분	제3활용	제4활용
1인칭 단수	leg-**o** 나는 읽는다	audi-**o** 나는 듣는다
2인칭 단수	leg-i-**s** 너는 읽는다	audi-**s** 너는 듣는다
3인칭 단수	leg-i-**t** 그는 읽는다	audi-**t** 그는 듣는다
1인칭 복수	leg-i-**mus** 우리는 읽는다	audi-**mus** 우리는 듣는다
2인칭 복수	leg-i-**tis** 너희는 읽는다	audi-**tis** 너희는 듣는다
3인칭 복수	leg-u-**nt** 그들은 읽는다	audi-u-**nt** 그들은 듣는다

○ 제1활용은 연결모음 -a, 제2활용은 연결모음 -e를 가진다.

○ 제3활용(E.g. legĕre 읽다) 형태의 동사는 몇 가지 특징을 가진다. 위의 표를 참조하여 아래 설명을 확인해보자.

- 제2활용 동사(E.g. movēre 움직이다)와 부정법 어미가 '-ere'로 철자는 같지만 제2활용 동사는 장모음 ē, 제3활용 동사는 단모음 ĕ 형태를 가지며, 어미변화 형태는 제4활용 동사의 어미변화 형태를 따른다.

- 제3활용 동사(E.g. legĕre 읽다)에서 강세가 없는 -e는 단수 1인칭에서는 사라지고(leg-o) 단수 2·3인칭, 복수 1·2인칭에서 -i로 바뀌며(leg-i-s, leg-i-t, leg-i-mus, leg-i-tis), 복수 3인칭에서는 -u가 붙어 어미변화(leg-u-nt)를 한다. 복잡하게 생각하지 말고 노래 부르듯이 그냥 외우자.

○ 제4활용 동사는 제3활용 동사와 거의 비슷하게 어미변화하지만 제4활용 동사는 어근에 모음 어간 -i를 가지는 것이 특징이다. 어근을 제외하고 제3활용 동사와 제4활용 동사의 어미 형태를 살펴보면 그 차이를 알 수 있다. 여러분은 동사 활용 때문에 고민하지 말고 동사 변화표를 활용할 줄 아는 능력을 키우자. 제4활용 동사의 복수 3인칭도 -u가 붙어 어미변화(audi-u-nt)를 한다.

그래도 고맙다. 제1활용, 제4활용 동사의 어미가 -o, -s, -t, -mus, -tis, -nt로 동일하게 끝나서.

VOCABULA

ăgo, ăgis, ēgi, actum, -ĕre, ③ tr. 행동하다, 시간을 보내다
audĭo, audis, īvi, -ītum, -īre, ④ tr. 듣다
dēlĕo, dēles, ēvi, ētum, -ēre, ② tr. 지우다, 삭제하다
dēsīdĕro, dēsīdĕras, āvi, ātum, -āre, ① tr. 바라다, 욕망하다
dīco, dicis, dixi, dictum, -ĕre, ③ tr. 말하다
dō, das, dĕdi, dătum, dăre, ① tr. 주다
dŏcĕo, dŏces, dŏcŭi, doctum, -ēre, ② tr. 가르치다
fundo, fundis, fūdi, fūsum, -ĕre, ③ tr. 붓다, 주조하다, 많이 내다(산출하다)

hăbĕo, hăbes, hăbŭi, hăbĭtum, -ēre, ❷ tr. 가지다

invĕnĭo, invĕnīs, invēni, inventum, -īre, ❹ tr. 발견하다, 발명하다

laudo, laudas, āvi, ātum, -āre, ❶ tr. 칭찬하다

mitto, mittis, mīsi, missum, -ĕre, ❸ tr. 보내다, 파견하다

mŏvĕo, movēs, mōvi, mōtum, -ēre, ❷ tr. 움직이다

păro, păras, āvi, ātum, -āre, ❶ tr. 준비하다, 태세를 갖추다, 얻다, 조달하다

pugno, as, āvi, ātum, -āre, ❶ tr. 싸우다, 토론하다

rĕlinquo, rĕlinquis, relīqui, relictum, -ĕre, ❸ tr. 떠나다, 포기하다

rĕmĕo, rĕmĕās, āvi, ātum, -āre, ❶ tr. 돌아오다(가다)

respondĕo, es, spondi, sponsum, -ēre, ❷ tr. 응답하다, 약속하다, 부응하다

scĭo, scĭs, scīvi(scĭi), scītum, scīre, ❹ tr. 알다

vĭdĕo, vĭdes, vīdi, vīsum, -ēre, ❷ tr. 보다

vŏco, vŏcas, āvi, ātum, -āre, ❶ tr. 부르다

II. sum 동사의 직설법 현재

꼭 알아야 하는 동사: 'sum' 동사

sum, es, fŭi, esse, (불규칙동사) 이다, 있다

'~은 ~이다', '누구는 ~이다'라고 서술할 때, 라틴어에서는 sum이라는 연계 동사(문장의 주어와 술부의 단어를 연결해주는 동사)를 사용한다. sum의 동사원형은 esse이며, 이 동사는 영어의 *be* 동사와 유사하다고 생각하면 된다. 직설법 현재는 다음과 같이 변화한다.

ego 나	sum	nos 우리	sumus
tu 너	es	vos 당신	estis
ille/a 그/그녀	est	illi/ae 그(녀)들	sunt

E.g.

Poeta patriae gloria est. 시인은 조국의 영광이다.

Poetae patriae gloria sunt. 시인들은 조국의 영광이다.

⇒ 첫 번째 문장에서 주어 poeta가 단수 3인칭이기에 동사도 단수 3인칭 est를 썼다. 두 번째 문장에서 주어 poetae가 복수 3인칭이기에 동사도 복수 3인칭 sunt를 썼다.

⇒ 앞 강의 제목, 'Prima schola alba est'를 예로 보면,

주어 schola: 단수 주격 여성 → 형용사도 단수 주격 여성 prima

→ 형용사 단수 주격 여성 alba

주어 schola: 단수 3인칭 → sum 동사 단수 3인칭 est

○ sum 동사를 형용사와 함께 썼을 때는 '~하다'라는 의미이다.

E.g.

Magistra sedula est. 여선생님은 성실하다.

Magistrae sedulae sunt. 여선생님들은 성실하다.

Laeta sum. (여성) 나는 행복합니다.

Laetus sum. (남성) 나는 행복합니다.

⇒ 'Laeta sum', 'Laetus sum' 이 두 문장과 영어 '*I am happy*'라는 문장을 비교해보면, 라틴어 형용사의 성에 따라 남성인지 여성인지 구분한다는 사실을 잘 알 수 있다.

⇒ 라틴어 문장에서는 동사 자체가 '나, 너, 그, 우리, 너희, 그들'이라는 의미를 내포하고 있기에 일반적으로 도표에 있는 인칭대명사를 사용하지 않는다. 이 문장에서도 sum 동사가 주어를 내포하기에 인칭대명사가 생략된 경우이다. 하지만 간혹 '나, 너' 등의 인칭대명사를 사용할 때는 비교나 강조를 위해서다.

○ '~에 있다'라는 의미로도 쓰인다. 전치사 in과 함께 많이 사용된다.

E.g.

Puella in casa est. 소녀가 집에 있다.

III. 동사의 부정법

라틴어의 부정법 = 동사의 명사적 형태인 부정사를 사용하는 서법

라틴어의 부정사(infinitus), 분사(participium), 동명사(gerundium), 목적분사(supinum)는 동사의 역할을 하면서 동사형 명사 및 형용사 구실을 하기도 하는데, 이 중에서 부정사, 동명사, 목적분사는 동사의 명사적 형태라고 한다. 단순 부정사문은 일반적으로 현재 부정사에 한정되며, 동사의 의미를 간직한 채 주어의 역할을 하는 문장을 말한다. 이를 '주격 부정사문(propositio nominativi cum infinito)'이라고도 한다.

E.g.

Errare humanum est. 실수하는 것은 인간적이다.

⇒ 이 문장에서 주어 역할을 하는 errare는 'erro 실수하다'의 현재 부정사(능동태)이며, 이와 같이 현재 부정사가 주어 혹은 목적어 역할을 하는 문장을 단순 부정사문이라고 한다. 단순 부정사문은 연계 동사(sum, vivo, fio, efficior) 외에도 조동사(possum, debeo, etc.)에 동사의 부정사를 연결해 표현하는 문장에서도 쉽게 발견된다.

1. 주어(주격) 역할

○ 우리말로 "~하는 것은, ~하는 것이"라고 옮긴다.

○ sum 동사가 중성 형용사나 명사와 연결된 문장에서 부정사가 주어 역할을 한다. 가령 "iustum est, 공정하다; lex est, 법이다; mos est, 습관이다" 등의 표현에서 주어로 사용된다.

E.g.

Caeli stellas numerare difficile est.

하늘의 별들을 세는 것은 어렵다.

Amicos amare facile est, sed inimicos amare difficile est.

친구를 사랑하는 것은 쉬우나, 원수를 사랑하는 것은 어렵다.

2. 목적어(대격) 역할

○ 우리말로 "~하는 것을"이라고 옮긴다.

○ 조동사 possum, debeo, soleo, queo, nequeo, volo, nolo, malo, expeto + 부정사

soleo (반탈형동사) 늘(흔히, 상습적으로) ~하다

E.g.

Petimus bene vivere. (Horatius)

우리는 잘 살기를 (간절히) 바란다.

✳ 연습문제 6강 - 21P

NCIPIS·APOST·PAVLVS·V·BVRG
IVS·ROMANVS·PONT·MAX·AN·M

LECTIO VII

SERVUS ES AN LIBER?

-us형 제2변화 명사 / -er형 제2변화 명사
/ 전치사 cum

SERVUS ES AN LIBER?

당신은 노예인가, 자유인인가?

함께하는 라틴어 이야기

공화정기와 원수정기 로마 백성의 가장 큰 부분을 차지한 것은 노예servus였는데, 이들은 노예 출신의 어머니로부터 출생한 '태생 노예verna'와 이후에 자유인 신분이었다가 노예로 전락한 경우가 있는데, 태생 노예는 곧바로 주인의 재산이 된다. 따라서 노예는 법률상 매매와 증여, 상속과 유증의 대상이었고, 주인은 자기 소유의 다른 물건과 마찬가지로 법률이 해당 사물에 대해 인정한 권한을 노예에게서 가졌으며 폭력을 행사할 수도, 죽일 수도 있었다. 그렇다면 노예란 '누구인가'가 아니고 '무엇인가'라고 묻게 된다.

라틴어로 '세르부스servus'로 명명되는 노예는 자유의 신분이 없는 주체를 말한다. 따라서 자유가 없는 사람을 의미한다. 또한 이 세르부스라는 명사는 어원적으로는 동사 '세르보servo'에서 유래하는데, 이 동사의 원뜻은 '보호하다, 지키다'라는 의미였다. 그런데 이 뜻이 기원전 700년에서 450년 사이 이탈리아에서 '노예'라는 의미의 경멸적인 의미로 발전한 것으로 추정된다.* 반면 "노예라는 뜻의 영단어 '*slave*'는 'Slav'에서 온 것으로 사전이 알려주듯이 '중세에 슬라브 사람들이 노예로 널리 포획되고 부려졌기 때문이다.'"†

이번 강에서는 servus가 속한 -us형 제2변화 명사에 대해 살펴보며, 그에 이어 -er형 제2변화 명사에 대해서도 살펴보자.

---

* Cf. M. de Vaan, *Etymological Dictionary of Latin and the other Italic Languages*, Brill 2016, p. 559.

† 스티븐 핑커, 김영남 옮김, 『우리 본성의 선한 천사』, 사이언스북스 2021, 280쪽 인용.

제2변화 명사의 기본

제2변화 명사는 단수 주격 어미가 성에 따라 각기 다른 세 가지 형태(-us, -er, -um)를 가지고 있으며, 이에 따라 '-us형, -er형, -um형'으로 나눠 다룬다. 단, 단수 속격 어미는 모두 -i다.

○ -us형은 주로 남성명사이지만 예외적으로 여성·중성도 있다.
○ -um형은 모두 중성명사로 단·복수 주격과 대격의 어미변화가 같고 복수 주격과 대격은 언제나 -a로 끝나는 것이 특징이다.
○ 대부분의 호격은 주격과 형태가 같지만, -us형만 호격이 -e가 된다.

제2변화 명사의 어미변화

수	단수			복수		
격 \ 성	m./f.	m.	n.	m./f.	m.	n.
nom.	-us	-er	-um	-i	-i	-a
gen.	-i	-i	-i	-orum	-orum	-orum
dat.	-o	-o	-o	-is	-is	-is
acc.	-um	-um	-um	-os	-os	-a
abl.	-o	-o	-o	-is	-is	-is
voc.	-e	-er	-um	-i	-i	-a

N.B. 제1형 남성 형용사(-us, -er)와 중성 형용사(-um)는 제2변화 명사의 어미변화를 그대로 따른다. (제12강, 151쪽 참조)

I. -us형 제2변화 명사

대표적인 -us형 제2변화 명사를 살펴보자.

ămīcus, -i, m. 친구

ălumnus, -i, m. 학생

ănĭmus, -i, m. 영혼, 정신

dŏmĭnus, -i, m. 주인

fīlĭus, -i, m. 아들

ĕquus, -i, m. 말

mundus, -i, m. 세계

mĕdĭcus, -i, m. 의사

nŭmĕrus, -i, m. 수, 숫자

pŏpŭlus, -i, m. 백성

ĭnĭmīcus, -i, m. 원수, 적

discĭpŭlus, -i. m. 제자, 학생

annus, -i, m. 해(年), 나이

servus, -i, m. 종

flŭvĭus, -i, m. 강

lŭpus, -i, m. 늑대

lŏcus, -i, m. 장소, 곳

morbus, -i, m. 질병

ŏcŭlus, -i, m. 눈

pōpŭlus, -i, f. 포플러, 백양나무

격 ＼ 수	단수	복수
nom.	lup-**us** 늑대가	lup-**i** 늑대들이
gen.	lup-**i** 늑대의	lup-**orum** 늑대들의
dat.	lup-**o** 늑대에게	lup-**is** 늑대들에게
acc.	lup-**um** 늑대를	lup-**os** 늑대들을
abl.	lup-**o** 늑대로부터	lup-**is** 늑대들로부터
voc.	lup-**e** 늑대여	lup-**i** 늑대들이여

II. -er형 제2변화 명사

○ -er형 명사에는 두 가지 형태가 있다. 따라서 명사의 속격을 반드시 암기해야 실수하지 않고 어미변화를 적용할 수 있다.

○ -er형 제2변화 명사는 모두 남성이다.

-er형 명사	속격에 -e를 간직한 형태	
	puer, pueri, m. 소년 (puella, -ae, f. 소녀) socer, soceri, m. 장인 (socrus, -us = socera, -ae, f. 장모) gener, generi, m. 사위	
	속격에 -e가 생략된 형태	
	ager, agri, m. 밭 liber, libri, m. 책 magister, magistri, m. 선생님	aper, apri, m. 멧돼지 faber, fabri, m. 목수 arbiter, -tri, m. 심판

1. 속격에 -e를 간직한 형태

격 ＼ 수	단수	복수
nom.	puer 소년이	puer-**i** 소년들이
gen.	puer-**i** 소년의	puer-**orum** 소년들의
dat.	puer-**o** 소년에게	puer-**is** 소년들에게
acc.	puer-**um** 소년을	puer-**os** 소년들을
abl.	puer-**o** 소년으로부터	puer-**is** 소년들로부터
voc.	puer 소년이여	puer-**i** 소년들이여

2. 속격에 -e가 생략된 형태

격 ＼ 수	단수	복수
nom.	liber 책이	libr-**i** 책들이
gen.	libr-**i** 책의	libr-**orum** 책들의
dat.	libr-**o** 책에게	libr-**is** 책들에게
acc.	libr-**um** 책을	libr-**os** 책들을
abl.	libr-**o** 책으로부터	libr-**is** 책들로부터
voc.	liber 책아	libr-**i** 책들아

N.B. 'liberi, liberorum, m. pl. 자녀'와 혼동하지 말아야 한다.

◇ 예외 vir, viri, m. 남자, 남편, 사람 (↔ femina, -ae, f. 여자)

격 ＼ 수	단수	복수
nom.	vir 남자가	viri 남자들이
gen.	viri 남자의	virorum (시어: virum) 남자들의
dat.	viro 남자에게	viris 남자들에게
acc.	virum 남자를	viros 남자들을
abl.	viro 남자로부터	viris 남자들로부터
voc.	vir 남자여	viri 남자들이여

vir는 유일하게 단수 주격이 -ir로 끝나는 제2변화 명사이다. 단수 주격을 제외하고는 다른 제2변화 명사의 어미변화와 동일하다. vir는 homo와 구별하여 성숙한 사람, 즉 일반적 의미의 사람을 뜻한다.

III. 전치사 cum

cum은 전치사일 때와 접속사일 때 용법이 완전히 다르므로 문장에서 주의 깊게 살펴야 한다.

1. 동반의 의미

○ 전치사 cum이 동반을 의미할 때는 우리말로 "~와 함께, ~을 가지고"라고 옮긴다.
○ 전치사 cum 다음에는 명사의 탈격을 쓴다.

E.g.

Domina cum ancillis procedit.
여주인이 하녀들과 함께 행렬한다.
Puellae cum rosis perveniunt.
소녀들이 장미를 가지고 도착한다.

VOCABULA

prōcēdo, is, cessi, cessum, -ĕre, ③ intr. 나아가다, 가다, 행렬하다
pervĕnĭo, is, vēni, ventum, īre, ④ intr. 도착하다

2. 모양의 의미

○ 전치사 cum이 모양을 의미할 때는 우리말로 "~하게, ~롭게, ~을 가지고"라고 옮긴다.
○ 전치사 cum 다음에는 명사의 탈격을 쓰는데, 형용사가 있을 경우 표현 방식이 독특하지만, 이미 잘 알고 있는 표현이기에 긴장할 필요가 없다.

cum + 탈격

형용사 cum 탈격: summa cum laude, magna cum laude가 대표적 용례이다.

E.g.

Milites cum audacia pugnabunt.
군인들은 용감하게 싸울 것이다.
Tullia magna cum anxietate (= magna anxietate) filios exspectabat.
툴리아는 큰 걱정으로 아들들을 기다리고 있었다.

VOCABULA

audācĭa, -ae, f. 용감, 용기
anxĭētās, -ātis, f. 근심, 불안, 걱정; (영어 *anxiety*는 이 단어에서 유래)

✳ 연습문제 7강 - 24P

LECTIO VIII

IN PRINCIPIO ERAT VERBUM

-um형 제2변화 명사
/ 제2변화 명사의 예외 / 이유 보어

IN PRINCIPIO ERAT VERBUM.

태초에 말씀이 있었다.

함께하는 라틴어 이야기

이 강에서는 '-um형 제2변화 명사'에 대해 살펴보고자 한다. 성경 문학에는 "태초에(한 처음에) 말씀이 계셨다In principio erat Verbum."(요한 1, 1)라는 말이 있는데, 바로 이 문장에 쓰인 'verbum'이 -um형 제2변화 명사에 해당한다.

그리스어 칠십인역 성경에 따라 우리가 '창세기'라 부르는 성경과 모세오경의 첫 번째 책을, 히브리인은 책을 시작하는 히브리어 첫 단어를 따라 '브레쉿Berešit', '한 처음'이라고 부른다. 이는 성경의 '한 처음', 그리스도교도가 '구원사'라고 부르는 말씀과 역사의 끊임없는 고리의 '한 처음', 신과 인간의 대화가 시작되는 '한 처음'을 의미한다. 이를 요한복음 서문에 "한 처음에 말씀이 계셨다"라는 말로 결정적으로 재표현한 것이다.[*] '불가타 성경[†]'에서는 다시 이를 "인치피트 리베르 브레시트 이드 에스트 제네시스Incipit liber Bresith id est Genesis."라고 옮겼고, 이는 "브레시트라고 시작하는 책 그게 곧 창세기다"라는 뜻이다. 원문에 사용된 'Genesis'라는 단어가 소문자로 시작해 genesis로 쓰이면 '탄생, 출생, 발생, 사람의 출생과 그에 따른 운명을 관장하는 별'을 의미하고, 대문자로 시작해 Genesis로 쓰이면 '천지창조, 창세기'를 뜻한다.

---

* 편집주간 P. 로싸노, G. 라바시, A. 지를란다, 『새로운 성경신학사전』, 바오로딸 2011, 2191-2192쪽 참조.

† 라틴어역 성서에는 고대 라틴어 역본Vetus Latina과 불가타Vulgata본 두 가지가 있다. 고대 라틴어 역본은 통상 불가타본 이전에 있었던 라틴어 역본을 말한다. 성서가 최초로 라틴어로 번역된 것은 2세기 말로 추정되는데 신약성서는 그리스어 원본을 번역하고, 구약성서는 히브리어 원본이 아니라 그리스어 역본을 토대로 번역한 중역이다. 불가타본은 4세기 달마시아Dalmatia의 스트리돈Stridon 출신의 예로니모Hieronymus가 교황 다마소 1세의 명으로 라틴어판 성서를 개정하여 384년 나온 것이다. 예로니모 덕분에 서방교회는 칠십인역을 계승해 갈 수 있는 대중 라틴어 성서를 의미하는 불가타를 가질 수 있게 되었다. 한국가톨릭대사전 편찬위원회, 〈라틴어역 성서〉, 『한국가톨릭대사전3권』, (한국교회사 연구소, 2006), 2069-2070쪽 참조.

I. -um형 제2변화 명사

제2변화 명사의 -um 형식은 모두 중성명사이며, 단·복수의 주격과 대격의 어미가 같고 복수 주격과 대격은 언제나 -a로 끝난다.

격 ＼ 수	단수	복수
nom.	verb-**um** 말이, 언어가	verb-**a** 말들이
gen.	verb-**i** 말의	verb-**orum** 말들의
dat.	verb-**o** 말에	verb-**is** 말들에
acc.	verb-**um** 말을	verb-**a** 말들을
abl.	verb-**o** 말에 의해, 말로	verb-**is** 말들로 인해
voc.	verb-**um** 말이여	verb-**a** 말들이여

auxĭlĭum, -ĭi, n. 도움
bellum, -i, n. 전쟁
bĕnĕfĭcĭum, -ĭi, n. 은혜
caelum, -i, n. 하늘
damnum, -i, n. 손해
dōnum, -i, n. 선물
exemplum, -i, n. 표본, 모범
gaudĭum, -ĭi, n. 기쁨
impĕrĭum, -ĭi, n. 명령
pĕrīcŭlum, -i, n. 위험
oppĭdum, -i, n. 성곽도시, (로마 외의) 도시
ōtĭum, -ĭi, n. 휴식, 여가
regnum, -i, n. 왕국
signum, -i, n. 기호, 징조, 군기
stŭdĭum, -ĭi, n. 노력, 공부
templum, -i, n. 신전

II. 제2변화 명사의 예외

1. 격(格)에 있어서 예외 명사

명사 dĕus, dĕi, m. 신(神)

명사 deus는 매우 다양한 형태로 변화한다. 대문자 Deus는 그리스도교의 유일신을, 소문자 deus는 여러 신을 의미한다.

격 ＼ 수	단수	복수
nom.	deus 신이	dei, dii, di 신들이
gen.	de-**i** 신의	deorum, deum 신들의
dat.	de-**o** 신에	deis, diis, dis 신들에
acc.	de-**um** 신을	deos 신들을
abl.	de-**o** 신에 의해, 신으로	deis, diis, dis 신들에 의해
voc.	deus 신이여	dei, dii, di 신들이여

2. 수(數)에 있어서 예외 명사

1) 단수로만(Singularia tantum) 쓰는 명사

aurum, -i, n. 금

argentum, -i, n. 은, 돈

plumbum, -i, n. 납

pontus, -i, m. 바다

2) 복수로만(Pluralia tantum) 쓰는 명사

arma, -ōrum, n. 무기

inferi, -ōrum, m. 지옥

spŏlĭa, -ōrum, n. 전리품

Pompēii, -ōrum, m. (지명) 폼페이

libĕri, -ōrum, m. 자식

Sŭpĕri, -ōrum, m. 천국, 천상 신들

Delphi, -ōrum, m. (지명) 델피

3) 단·복수 의미가 다른 명사

단수	복수
auxĭlĭum, -ĭi, n. 도움, 원조	auxilia, -orum, n. pl. 증원군
bŏnum, -i, n. 선(善), 좋은 것	bŏna, -ōrum, n. pl. 재산, 행운
castrum, -i, n. 성(城), 성채	castra, -ōrum, n. pl. 야영, 진영
impĕdīmentum, -i, n. 방해, 장애	impĕdĭmenta, -ōrum, n. pl. 보급품, 수송부대
lūdus, -i, m. 장난, 농담	lūdī, -ōrum, m. pl. 경기, 축제
vincŭlum, -i, n. 사슬, 유대	vincula, -ōrum, n. pl. 감옥

N.B. '도움, 선(善), 성채' 등의 단·복수 의미가 다른 명사의 복수는 이와

비슷한 단어의 복수를 사용하면 된다. 가령 '도움'의 복수는 비슷한 말인 'subsidium, -ii, n.'의 복수형 'subsidia' 또는 'adiumentum, -i, n.'의 복수형 'adiumenta'를 사용한다. '성(城), 성채'의 복수는 'castellum, -i, n.'의 복수 'castella'를 쓴다.

III. 이유 보어

이유 보어는 동사가 표현하고자 하는 행동의 이유와 원인을 나타낸다. 라틴어는 이유나 원인을 표현할 때 단순히 탈격을 쓰거나 '때문에'를 의미하는 전치사 'ob, propter, prae'를 사용하여 표현할 수 있다.

❶ 탈격 (내적 원인)
❷ ob, propter + 대격 (외적 원인)
❸ prae + 탈격 (장애의 원인)

E.g.

Puellae laetitia exsultant.

소녀들은 기쁨으로(에 의해) 기뻐한다.

Ob(propter) incolarum inopiam vita ardua est.

주민들의 가난 때문에 생활이 어렵다.

Prae lacrimis ancillae tacebant.

눈물 때문에 하녀들은 침묵하고 있었다.

VOCABULA

laetĭtĭa, -ae, f. 기쁨

exsulto, as, āvi, ātum, -āre, ❶ intr. 뛰다, 기뻐하다

ĭnŏpĭa, -ae, f. 부족, 결핍, 가난, 빈곤

ardŭus, -a, -um, adj. 어려운, 괴로운

lăcrĭma, -ae, f. 눈물

tăcĕo, es, tăcŭi, tăcĭtum, -ēre, ❷ intr. 가만히 있다, 침묵하다; tr. 침묵을 지키다

✳ **연습문제 8강 - 38P**

LECTIO IX

NIHIL SINE MAGNO LABORE VITA DAT HOMINIBUS

(호라티우스)

제3변화 명사

/ 제3변화 명사의 구분: 1~3식

NIHIL SINE MAGNO LABORE VITA DAT HOMINIBUS.

(호라티우스)

인생은 크나큰 수고(노고)가 없이는 인간들에게 아무것도 주지 않는다.

함께하는 라틴어 이야기

생각의 제한을 풀고 앞으로 나아가다 보면 필연적으로 자신이 또는 사회가 선택한 고통과 마주하게 된다. 불교에서는 '고苦'를 누구나 느끼는 생로병사의 고통과 인과의 법칙으로 인한 고통, 그리고 '나'라는 실체를 집착함으로 인해 발생하는 고통이 있다고 말한다. 불교의 사성제 가운데 하나인 '고苦'의 가르침처럼 인간은 살아가면서 고통과 아픔을 겪을 수밖에 없다. 여기서 이런 생각을 해보게 된다. 고통이란 것도 나의 의사와 상관없이 외부에서 밀려오는 고통과 내가 선택한 고통이 있을 수 있겠다는 생각 말이다. 사실 대부분의 사람이 나의 의사와 상관없이 외부에서 밀려오는 고통으로 힘들어 하며 살아가고 있지 않은가? 하지만 우리가 생각한다는 것은 어떤 것에 대한 선택을 의미하고, 그것이 어떤 선택이든, 그 선택으로 인한 고통이 따르게 마련이다. 인생이 고통의 바다라고 한다면 내가 선택하지 않은 길에서 맞닥뜨리는 고통보다 내가 선택한 길에서 맞는 고통이 차라리 더 낫지 않을까? 이 글을 읽고 있는 누군가는 어떻게 생각하는지, 또 피할 수 없다면 어떤 형태의 고통을 받아들이겠다고 이야기할지 궁금하다.

이번 강에서는 '수고'를 의미하는 'lăbŏr, lābōris' 제3변화 명사를 살펴보려 한다. 고전 라틴 문학에서 명사의 어휘별 빈도수를 연구한 결과, 제1변화 명사가 21%, 제2변화 명사가 26%, 제3변화 명사가 43%, 제4변화 명사가 9%, 제5변화 명사가 1%를 차지하는 것으로 나타났다. 즉, 라틴어 명사 가운데 제3변화 명사의 학습은 중요한 비중을 차지하는 만큼 주의 깊게 살펴보면 좋겠다.

제3변화 명사는 어간과 성의 구별, 음운 변화가 매우 다양하다. 이러한 이유에서 제3변화 명사의 주격은 그 명사의 성을 구별할 만한 고정된 어미 형태가 없다. 따라서 그 명사의 단수 속격(-is)을 유의하여 보고 그 어간을 암기하고, 나머지 다른 격에서는 어떤 어간에 어떤 어미를 연결할 것인지를 알아야 한다. 이러한 이유 때문에 제3변화 명사는 다른 명사의 어미변화보다 훨씬 더 복잡하다. 제3변화 명사의 기본적 특징은 아래와 같다.

○ 남성과 여성의 어미변화가 동일
○ 중성은 단·복수 모두 주격과 대격, 호격의 형태가 동일
○ 제3변화 명사의 어미변화 형태와 형용사 제2형의 어미변화 형태가 동일

제3변화 명사는 크게 동음절 명사와 비동음절 명사로 구분된다. 이는 콘스탄티노폴리스에서 활약한 6세기 라틴어 문법가 프리쉬아누스(Priscianus Caesariensis)가 『문법의 기초(*Institutiones grammaticae*)』라는 책에서 제3변화 명사를 크게 동음절(paribus syllabis) 명사와 비동음절(imparibus syllabis) 명사로 구분한 것을 따른 것이다.

○ 동음절 명사: 주격과 속격의 음절수가 같은 명사

E.g.

주격	속격	뜻
ci-vis	ci-vis	m. 시민
cla-des(-is)	cla-dis	f. 손해, 재난

○ 비동음절 명사: 주격과 속격의 음절수가 같지 않은 명사. 비동음절 명사의 경우, 일반적으로 속격의 음절수가 주격보다 하나 더 많다.

E.g.

주격	속격	뜻
con-sul	con-su-lis	m. 집정관
o-ra-tor	o-ra-to-ris	m. 연설가

제3변화 명사의 어미변화

수	단수		복수	
격 \ 성	m./f.	n.	m./f.	n.
nom.	다양함	다양함	-es	-a/-ia
gen.	-is	-is	-um/-ium	-um/-ium
dat.	-i	-i	-ibus	-ibus
acc.	-em/-im	주격과 같음	-es	-a/-ia
abl.	-e/-i	-e/-i	-ibus	-ibus
voc.	주격과 같음	주격과 같음	-es	-a/-ia

○ 제3변화 명사의 어미변화표를 살펴보면, 다음처럼 두 가지로 어미변화하는 것을 발견할 수 있다.

- 단수 대격에서 -em/-im　　단수 탈격에서 -e/-i
- 복수 속격에서 -um/-ium　　중성 복수 주격·대격·호격에서 -a/-ia를 가진다.

○ 두 개의 어미변화를 갖게 된 이유는 역사적 변천 과정에서 찾을 수 있다. 원래 어미 -em, -e, -um, -a는 자음 어근 명사에 붙는 어미였다. 반면 -im, -i, -ium, -ia는 모음 어근 명사에 붙는 어미였다.

E.g.

구분		복수 속격
자음 어근 명사	consul	consul-um
모음 어근 -i 명사	navis	navi-um

그러나 이후 많은 자음 어근 명사가 모음 어근 명사의 어미변화를 따르게 되고, 반대로 많은 모음 어근 명사가 자음 어근 명사의 어미변화를 따르게 되면서 이러한 구분이 모호해졌다. 따라서 오늘날 소수의 모음 어근에 남아 있는 단수 대격 -im의 어미변화는 논외로 하고, 제3변화 명사를 크게 세 가지 방식으로 구분한다.

1) 제3변화 명사 제1식

단수 속격 -is 앞에 자음을 하나만 가지는 비동음절 명사이다.

E.g.

consul, consul-is, m. 집정관; natio, nation-is, f. 민족, 나라; flumen, flumin-is, n. 강

⇒ 제3변화 명사 제1식은 단수 탈격 어미로 -e, 복수 속격 어미로 -um, 중성 복수 주격·대격·호격 어미로 -a를 가진다.

2) 제3변화 명사 제2식

제3변화 명사 제2식은 크게 두 가지로 나뉜다.

❶ **제3변화 명사 제2식 A**: 남성과 여성 동음절 명사

E.g.

ho-stis, ho-stis, m. 적; cla-des, cla-dis, f. 손해, 재난

❷ **제3변화 명사 제2식 B**: 단수 속격 -is 앞에 두 개의 자음을 가지는 남성, 여성, 중성 비동음절 명사

E.g.

mons, mont-is, m. 산; urbs, urb-is, f. 도시; os, oss-is, n. 뼈

⇒ 제3변화 명사 제2식은 단수 탈격 어미로 -e, 복수 속격 어미로 -ium, 중성 복수 주격·대격·호격 어미로 -a를 가진다.

3) 제3변화 명사 제3식

단수 주격이 -al, -ar(속격은 -alis, -aris이며, 이 경우 -a는 장모음), -e로 끝나는 중성명사이다.

E.g.

tribun-al, tribunalis, n. 법원; calc-ar, calcaris, n. 박차(拍車, 쇠로 만든

톱니 모양의 물건), (새나 닭의) 발톱; mar-e, maris, n. 바다

⇒ 제3변화 명사 제3식은 단수 탈격 어미로 -i, 복수 속격 어미로 -ium, 중성 복수 주격·대격·호격 어미로 -ia를 가진다.

II. 제3변화 명사의 구분: 제1식

앞에서 말한 대로, 제3변화 명사 제1식은 단수 속격 -is 앞에 자음을 하나만 가지는 비동음절 명사이다. 제3변화 명사 제1식의 어미변화 특징은 다음과 같다.

○ 단수 탈격 -e, 복수 속격 -um
○ 중성 복수 주격·대격·호격 -a

대표적인 비동음절 명사 셋을 열거해보자.

lăbŏr, lăbōr-is, m. 일, 노동, 수고
virtūs, virtūt-is, f. 덕, 덕목, 용맹
ĭtĕr, ĭtĭnĕr-is, n. 여행, 여로, 방법

구분		m.	f.	n.
단수	nom.	labor	virtus	iter
	gen.	labor-**is**	virtut-**is**	itiner-**is**
	dat.	labor-**i**	virtut-**i**	itiner-**i**
	acc.	labor-**em**	virtut-**em**	iter
	abl.	labor-**e**	virtut-**e**	itiner-**e**
	voc.	labor	virtus	iter
복수	nom.	labor-**es**	virtut-**es**	itiner-**a**
	gen.	labor-**um**	virtut-**um**	itiner-**um**
	dat.	labor-**ibus**	virtut-**ibus**	itiner-**ibus**
	acc.	labor-**es**	virtut-**es**	itiner-**a**
	abl.	labor-**ibus**	virtut-**ibus**	itiner-**ibus**
	voc.	labor-**es**	virtut-**es**	itiner-**a**

N.B. 제3변화 제1식의 도표를 살펴보면 다음과 같은 공통점을 발견할 수 있다. 남성과 여성 단수 주격과 호격; 남성과 여성 복수 주격, 대격, 호격; 중성 단·복수 주격, 대격, 호격의 어미 형태가 모두 같다. 또한 남성, 여성, 중성 복수 여격과 탈격의 어미는 모두 -ibus이다.

1. 제3변화 명사 제1식

ămŏr, ămōris, m. 사랑
dŏlŏr, dŏlōris, m. 고통, 아픔

cӑlŏr, cӑlōris, m. 더위, 열

clāmŏr, clāmōris, m. 고함소리, 외침

cŏlŏr, cŏlōris, m. 빛, 색깔

crĕātŏr, crĕātōris, m. 창조주

flōs, flōris, m. 꽃

hŏmo, hŏmĭnis, m. 사람

hospĕs, hospĭtis, m. 손님

(↔ hospĭta, -ae, f. 여자 손님)

impĕrātŏr, impĕrātōris, m. 황제

doctŏr, doctōris, m. 선생, 박사, 의사

lӑtro, lӑtrōnis, m. 강도; 경호원

mercātŏr, mercātōris, m. 상인

mīlĕs, mīlĭtis, m. 군인

mōs, mōris, m. 풍속, 관습, 품행

ŏdŏr, ŏdōris, m. 향수, 냄새

ordo, ordĭnis, m. 질서

ōrātŏr, ōrātōris, m. 연설가

pastŏr, pastōris, m. 목자 (*pastor* 목사)

sӑcerdōs, sӑcerdōtis, m. 사제

princeps, principis, m. 군주, 으뜸

scriptŏr, scriptōris, m. 저술가

vĭātŏr, vĭātōris, m. 여행자

aetās, aetātis, f. 나이

arbŏr, arbŏris, f. 나무

coniūrātĭo, coniūrātiōnis, f. 음모

lux, lūcis, f. 빛

mercēs, mercēdis, f. 품삯, 보수, 상품

mŭlĭĕr, mŭlĭĕris, f. 부인, 아내

ŏrīgo, ŏrīgĭnis, f. 기원, 원천

quĭēs, quĭētis, f. 휴식, 고요함

rĕlĭgĭo, rĕlĭgĭōnis, f. 종교

sĕgĕs, sĕgĕtis, f. 곡식

sōl, sōlis, m. 태양

carmĕn, carmĭnis, n. 시, 노래

gĕnŭs, gĕnĕris, n. 종류

iūs, iūris, n. 법, 권리, 의리

lūmĕn, lūmĭnis, n. 빛, 광선

nōmĕn, nōmĭnis, n. 이름

ŏnŭs, ŏnĕris, n. 짐

ōs, ōris, n. 입 (ŏs, ossis, n. 뼈, 제2식)

tempŭs, tempŏris, n. 때, 시간, 시대

vulnŭs, vulnĕris, n. 상처, 명예 손상

N.B. 중·고등학교 시절 영어 시간에 -or, -er가 붙으면 '사람'의 의미를 갖는다

고 배웠을 것이다. '-or'는 라틴어 제3변화 명사에서, '-er'는 제2변화 명사에서 유래한 것이다.

III. 제3변화 명사 구분: 제2식

앞에서 살펴본 대로 제3변화 명사 제2식은 크게 두 가지로 나뉜다.

제3변화 명사 제2식 A	남성과 여성 동음절 명사	ho-stis, ho-stis, m. 적 clā-dēs(-dis), clā-dis, f. 손해, 재난
제3변화 명사 제2식 B	단수 속격 -is 앞에 두 개의 자음을 가지는 남성, 여성, 중성 비동음절 명사	mons, mont-is, m. 산 urbs, urb-is, f. 도시 ŏs, oss-is, n. 뼈

○ 제3변화 명사 제2식의 어미변화의 특징은 다음과 같다.
단수 탈격 -e, 복수 속격 -ium, 복수 중성 주격·대격·호격 -a

E.g.

collis, -is, m. 언덕

pons, pontis, m. 다리

cŏr, cordis, n. 마음

구분	동음절 명사	두 개의 자음을 가지는 비동음절 명사	
	단수		
nom.	coll-**is**	pons	cor
gen.	coll-**is**	pont-**is**	cord-**is**
dat.	coll-**i**	pont-**i**	cord-**i**
acc.	coll-**em**	pont-**em**	cor
abl.	coll-**e**	pont-**e**	cord-**e**
voc.	coll-**is**	pons	cor
구분	복수		
nom.	coll-**es**	pont-**es**	cord-**a**
gen.	coll-**ium**	pont-**ium**	cord-**ium**
dat.	coll-**ibus**	pont-**ibus**	cord-**ibus**
acc.	coll-**es**	pont-**es**	cord-**a**
abl.	coll-**ibus**	pont-**ibus**	cord-**ibus**
voc.	coll-**es**	pont-**es**	cord-**a**

1. 동음절 명사의 예

cīvis, -is, m./f. 시민

crīnis, -is, m. 머리털, 두발

hostis, -is, m.(때때로 f.) 적

orbis, -is, m. 원형, 둘레

unguis, -is, m. 손톱

collis, -is, m. 언덕, 야산

fīnis, -is, m. 끝, 목적

ignis, -is, m. 불

piscis, -is, m. 물고기

vermis, -is, m. 벌레

auris, -is, f. 귀

classis, -is, f. 학급, 함대

ŏvis, -is, f. 양

vallis, -is, f. 골짜기, 계곡

ăvis, ăvis, f. 새

nāvis, -is, f. 배, 선박

pellis, -is, f. 가죽, 모피

vestis, -is, f. 옷

2. 속격 -is 앞에 두 개의 자음을 가지는 비동음절 명사의 예

ădŭlescens, -scentis, m. 청년

cŏr, cordis, n. 마음

fons, fontis, m. 샘, 원천

torrens, -entis, m. 급류

serpens, -entis, m./f. 뱀

nox, noctis, f. 밤

ars, artis, f. 예술

dens, dentis, m. 이(치아)

mons, montis, m. 산

sors, sortis, f. 운명

gens, gentis, f. 종족, 민족

mors, mortis, f. 죽음

IV. 제3변화 명사 제3식

제3변화 명사 제3식은 단수 주격이 -al, -ar(속격은 -alis, -aris이며, 이 경우 -a는 장모음), -e로 끝나는 중성명사이다.

○ 제3변화 명사 제3식의 어미변화 특징은 다음과 같다.

단수 탈격 -i, 복수 속격 -ium, 중성 복수 주격·대격·호격 -ia

E.g.

ănĭmăl, ănĭmālis, n. 동물

exemplăr, exemplāris, n. 모범

mărĕ, maris, n. 바다

구분	단수		
nom.	animal	exemplar	mare
gen.	animal-**is**	exemplar-**is**	mar-**is**
dat.	animal-**i**	exemplar-**i**	mar-**i**
acc.	animal	exemplar	mare
abl.	animal-**i**	exemplar-**i**	mar-**i**
voc.	animal	exemplar	mare
구분	복수		
nom.	animal-**ia**	exemplar-**ia**	mar-**ia**
gen.	animal-**ium**	exemplar-**ium**	mar-**ium**
dat.	animal-**ibus**	exemplar-**ibus**	mar-**ibus**
acc.	animal-**ia**	exemplar-**ia**	mar-**ia**
abl.	animal-**ibus**	exemplar-**ibus**	mar-**ibus**
voc.	animal-**ia**	exemplar-**ia**	mar-**ia**

우리가 영어 시간에 암기했던 '*animal, example, tribunal*' 등의 단어는 라틴어 제3변화 명사 제3식에서 유래하는 형태이다.

E.g.

rētĕ, rētis, n. 그물

praesēpĕ, -is, n. 구유

vectīgăl, vectīgālis, n. 세금

trĭbūnăl, -ālis, n. 법원

calcăr, calcāris, n. 박차(拍車), (새나 닭의) 발톱

◎ 쉬어가는 이야기: 제3변화 명사에서 나온 라틴계 유럽어

라틴어	이탈리아어	스페인어	프랑스어
ars, artis; arte(sg. abl.) 예술	arte	arte	art
mors, mortis; morte 죽음	morte	muerte	mort
pars, partis; parte 부분, 몫	parte	parte	parti
pes, pedis; pede 발	piede	pie	pied
dens, dentis; dente 이	dente	diente	dent
navis, navis; nave 배	nave	nave	navire

✳ 연습문제 9강 - 40P

LECTIO X

CANIS CANINAM CARNEM NON EST

(테렌티우스 바로)

제3변화 명사의 예외들
/ 수의 특수 용례

LECTIO X

CANIS CANINAM CARNEM NON EST.

(테렌티우스 바로)

개는 개고기를 먹지 않는 법.

함께하는 라틴어 이야기

고대 로마의 희극작가들은 '인간이 인간에게 신이거나 늑대거나 둘 중 하나다Homo homini aut deus aut lupus est!'라고 했다. 이는 희극작가 테렌티우스의 "인간의 본분을 안다면, 인간은 인간에게 신이다Homo homini deus, si officium sciat"와 또 다른 희극작가 플라우투스가 말한 "인간은 인간에게 늑대이다Homo homini lupus"를 합친 표현이다. 인간은 서로가 늑대인, 즉 인간이 인간을 잡아먹는 현실에서 '인간이 인간에게 친구Homo homini amicus'가 되려면 "인간이 장소를 꾸미지, 장소가 인간을 꾸미지 않는다"라는 말을 가슴에 새겨야 한다.*
"개는 개고기를 먹지 않는다"라는 말도 바로 이러한 맥락에서 나온 말이다. 친구가 되는 것도, 늑대가 되는 것도 모두 인간이 하기 나름일 것이다.

N.B. Canis caninam carnem non est. 이 문장에서 est는 '먹다'라는 의미의 edo 동사의 단수 3인칭이다. 따라서 sum 동사의 직설법 현재 단수 3인칭 est와 혼동해서는 안 된다.

* 한동일, 『한동일의 공부법』, EBS BOOKS 2020, 272쪽 인용.

I. 복수 속격이 -um이 되는 제3변화 명사 제2식의 예외*

제3변화 명사 제2식의 명사에서, 복수 속격 어미가 원칙적으로 -ium이지만, 아래의 명사들은 예외적으로 -um이 된다. 이러한 명사들은 원래 자음 어근의 비동음절 명사가 동음절 명사화된 것이다. 가령, pater, patris의 경우, 원래 속격은 'pateris', 여격은 'pateri' 형태로 어미변화를 하는 것이었다. 이것이 축소되어 pater, patris로 주격과 속격의 음절수가 같게 되었는데, 이러한 축소는 복수 속격에도 발생해 -ium이 아니라 -um을 붙이게 된다.

단수 주격, 속격	**복수 속격**
pater, pateris → pater, patris	paterium → patrum

N.B. pater는 제3변화 명사 제1식과 같이 어미변화를 한다.

명사	**복수 속격**
mātĕr, matris, f. 어머니	→ matrum
pătĕr, pătris, m. 아버지	→ patrum
frātĕr, fratris, m. 형제	→ fratrum

* 제3변화 명사 예외가 -um 형태부터 시작해서 다음 -ium으로 이어지기 때문에 이 내용부터 이야기를 시작한다.

iŭvĕnis, iuvenis, m. 젊은이 → iuvenum
sĕnex, sĕnis, m. 늙은이 → senum
cănis, canis, m. 개 → canum
pānis, pānis, m. 빵 → panum
vātēs, vatis, m. 점쟁이 → vatum
accĭpĭtĕr, accipitris, m. 매(새의 종류) → accipitrum

II. 제3변화 명사 제2식의 예외

1. 제3변화 명사 제1식(단수 속격 -is 앞에 자음을 하나 가지는 비동음절 명사)에 속하며 복수 속격 어미로 -ium을 취하는 명사

cōs, cōtis, f. 부싯돌 → cotium
dōs, dōtis, f. 지참금 → dotium
faux, faucis, f. 목구멍 → faucium
fraus, fraudis, f. 사기, 속임수 → fraudium
glīs, glīris, m. 산쥐 → glirium
iūs, iūris, n. 법 → iurium
līs, lītis, f. 논쟁, 말다툼 → litium
mās, măris, m. 남자, 수컷 → marium

mūs, mūris, m. 쥐 → murium

nix, nĭvis, f. 눈(雪) → nivium

plebs, plēbis, f. 평민, 민중 → plebium

trabs, trăbis, f. 대들보, 통나무 집 → trabium

vīs, -, f. 힘, 폭력 → virium

N.B. vis라는 명사는 단수 속격과 여격이 없고, 대격 vim, 탈격 vi로 변화한다. 복수는 vīres, vīrĭum, vīrĭbus, vīres, vīrĭbus로 변하며, '힘, 기력'이라는 뜻 외에 '세력, 병력'이라는 뜻도 가진다.

2. 제3변화 명사 제2식과 같이 어미변화를 하는 명사

1) 그리스어에서 유래하여 단수 주격이 -ma로 끝나고, 속격이 -atis로 끝나는 명사

제3변화 제2식 'cŏr, cordis, n. 마음'이라는 단어의 어미변화를 따른다.

aenigma, -mătis, n. 수수께끼

diplōma, -mătis, n. 졸업장, 면허

phantasma, -mătis, n. 유령

prŏblēma, -mătis, n. 문제

programma, -matis, n. 목록, 계획

thĕma, -mătis, n. 제목, 주제

2) 그리스어에서 유래한 동음절 명사이며, -is, -is 어미를 가지는 명사

bǎsis, -is, f. 기초, 토대

phrǎsis, -is, f. 문구, 말투

synaxis, -is, f. 회합, 집회

thěsis, -is, f. 명제, 제목, 논문

gěněsis, -is, f. 천지창조, 창세기

pŏēsis, -is, f. 시

syntaxis, -is, f. 문장론

haerěsis, -is, f. 이단, 이설, 이교

III. 또 다른 제3변화 명사의 예외

1. 단수 대격 어미 -im, 탈격 어미 -i를 가지는 명사

구분	단수	복수
nom.	fěbr-**is** 열이	febr-**ēs** 열들이
gen.	febr-**is** 열의	febr-**ium** 열들의
dat.	febr-**ī** 열에	febr-**ibus** 열들에
acc.	febr-**im**/-**em** 열을	febr-**is**(febr-**ēs**) 열들을
abl.	febr-**ī**/-**e** 열로부터	febr-**ibus** 열들로부터
voc.	febr-**is** 열아	febr-**es** 열들아

1) 단수 주격이 -is(또는 polis)로 끝나는 도시명(f.)과 강 이름(m.)

Nĕāpŏlis, -is, f. 나폴리 ('신도시'라는 뜻)

Constantīnŏpŏlis, -is, f. 콘스탄티노폴리스(오늘날 튀르키예 이스탄불)

Tĭbĕris, -is, m. 티베리스(오늘날 로마를 관통하는 테베레 강)

Tĭgris, -is(Tĭgridĭs), m. 티그리스 강

N.B. 소문자 t로 시작하면 tĭgris, -is, m. 호랑이

2) 약간의 동음절 여성명사

ămussis, -is, f. 노끈, 자, 규칙

cannăbis, -is, f. 마(麻)

sĭtis, -is, f. 목마름, 갈증

būris, -is, f. 쟁기, 자루

răvis, -is, f. 목이 쉼, 목이 잠김

tussis, -is, f. 기침

3) 단수 대격으로 -im 또는 -em, 탈격으로 -i 또는 -e 형태를 가지는 명사

classis, -is, f. 함대

fĕbris, -is, f. 열, 열병

nāvis, -is, f. 배, 선박

puppis, -is, f. 선미(船尾)

turris, -is, f. 탑, 망루, 종각

clāvis, -is, f. 열쇠

mensis, -is, m. 달, 월(月)

pelvis, -is, f. 대야

sĕcuris, -is, f. 도끼

다음의 명사들은 불규칙적인 어미변화를 하는 단어들이다.

1) iūgĕrum, -i, n. (800평가량 되는) 토지 면적 단위

단수에서는 제2변화 명사의 어미변화를, 복수에서는 제3변화 명사의 어미변화를 따른다.
⇒ iugera, iugerum, iugeribus, iugera, iugeribus

2) vās, vāsis, n. 그릇, 단지

단수: 제3변화 명사의 어미변화를 따라 vas, vasis, vasi, vas, vase로 어미변화
복수: 제2변화 명사의 어미변화를 따라 vasa, vasorum, vasis, vasa, vasis로 어미변화

3) bōs, bŏvis, m./f. 소

단수: 제3변화 명사의 어미변화를 따라 bos, bovis, bovi, bovem, bove로 어미변화
복수: boves, boum, bobus(bubus), boves, bobus(bubus)로 불규칙적인 어미변화

4) căro, carnis, f. (동물의) 살, (영혼의 반대) 육, 육체

⇒ caro, carnis, carni, carnem, carne; carnes, carnum, carnibus, carnes, carnibus

5) sūs, sŭis, m./f. 돼지, 독약의 일종

규칙적인 비동음절 명사처럼 어미변화를 한다. 그러나 복수 여격과 탈격은 예외적으로 subus(종종 suibus)로 어미변화를 한다.
⇒ sus, suis, sui, suem, sue; sues, suum, subus(suibus), sues, subus(suibus)

6) ĭtĕr, ĭtĭnĕris, n. 길, 수단

단수 주격, 대격, 호격을 제외하고 모두 어미변화의 어근이 itiner-이다.
⇒ iter, itineris, itineri, iter, itinere, iter; itinera, itinerum, itineribus, itinera, itineribus, itinera

7) iĕcŭr, iĕcŏris, n. 간

이 명사는 두 가지로 어미변화할 수 있다.

❶ 규칙적으로 어미변화

iecur, iecoris, iecori, iecur, iecore; iecora, iecorum, iecoribus, iecora, iecoribus

❷ 속격의 어근이 iecinor-로 바뀌어 어미변화를 할 수 있는데, 이 경우 다음과 같이 어미변화

iĕcŭr, iĕcĭnŏris, iecinori, iecur, iecinore; iecinora, iecinorum, iecinoribus, iecinora, iecinoribus

8) fĕmŭr, fĕmŏris, n. **대퇴골, 넓적다리**

이 명사 역시 두 가지로 어미변화할 수 있다.

❶ 규칙적으로 어미변화

femur, femoris, femori, femur, femore; femora, femorum, femoribus, femora, femoribus

❷ 반대로 속격의 어근이 femin-으로 바뀌어 어미변화를 할 수 있는데, 이 경우 다음과 같이 어미변화

femur, feminis, femini, femur, femine; femina, feminum, feminibus, femina, feminibus

9) sŭpellex, sŭpellectīlis, f. 가구, 비품

이 명사는 규칙적으로 어미가 달라지는데, 단수만 가진다.
⇒ supellex, supellectilis, supellectili, supellectilem, supellectile

10) Iuppĭtĕr, m. (그리스신화의) 유피테르

이 명사는 다음과 같이 어미변화한다.
⇒ Iuppĭtĕr(Iupĭtĕr), Iŏvis, Iovi, Iovem, Iove, Iuppiter

11) vis, f. 힘

vis 명사는 단수 속격과 여격이 없고, 대격 vim, 탈격 vi로 변화한다. 복수는 vīres, vīrĭum, vīrĭbus, vīres, vīrĭbus로 변하며, '힘, 기력'이라는 뜻 외에 '세력, 병력'이라는 뜻도 가진다. 부족한 단수 속격과 여격은 'rōbur, rōbŏris, n. 힘'이라는 명사의 속격과 여격으로 대체하여 사용한다.

1) 단수로만(Singularia tantum) 사용되는 명사

sanguĭs, sanguĭnis, m. 피

sĕnectūs, sĕnectūtis, f. 노년

pĭĕtās, pĭĕtātis, f. 효도, 자애, 사랑

vespĕr, vespĕris(vespĕri), m. 저녁

plebs, plēbis, f. 평민

prōlēs, prōlis, f. 자녀

2) 복수로만(Pluralia tantum) 사용되는 명사

❶ 축제의 이름을 가리키는 중성명사

Ambarvālĭa, Ambarvālĭum, n. pl. 농업 풍년제

Bacchānālĭa, Bacchānālĭum, n. pl. 주신(酒神)제

Lūpercālĭa, Lūpercālĭum, n. pl. 목신제

Sāturnālia, Sāturnālĭum, n. pl. 수확제

❷ 지명이나 도시명

Alpes, Alpĭum, f. pl. 알프스 산맥

Sardīs, Sardĭum, f. pl. 사르데나

Gādes, -ĭum, f. pl. (스페인에 있었던 페니키아 식민지) 가데스

❸ 그 밖의 명사들

mānes, mānĭum, m. pl. 죽은 사람의 혼, 망령

moenĭa, moenĭum, n. pl. 성(城)

pĕnātes, pĕnātĭum, m. pl. 저택, 가신(家神)

viscĕra, viscerum, n. pl. 오장육부, 배알

3) 복수에서 뜻이 변하는 명사

단수	복수
aedēs, aedis, f. 신전	aedes, aedĭum, f. pl. 집, 공동주택
carcĕr, carcĕris, m. 감옥	carceres, carcerum, m. pl. 감옥; 경주 출발점
fīnis, fīnis, m./f. 끝, 목표	fīnēs, fīnium, m. pl. 영토, 영역
pars, partis, f. 부분, 편, 쪽	partēs, partium, f. pl. 부분; 정당
sāl, sălis, m./n. 소금, 맛; 묘미	salēs, salum, m. pl. 익살, 재담
sors, sortis, f. 운명	sortēs, sortium, f. pl. 예언

✳ **연습문제 10강 - 61P**

LECTIO XI

DUM VITA EST, SPES EST

제4변화 명사
/ 제5변화 명사

DUM VITA EST, SPES EST.

살아있는 동안 희망은 있다.

함께하는 라틴어 이야기

모든 것은 생각에서 시작된다. 그렇다면 생각에 힘을 주는 방법은 무엇일까? 여기에서 고대 그리스인이 생각하는 방식을 다시금 생각해볼 필요가 있다. 나이 많은 사람이 해준 이야기라서, 널리 알려진 이야기라고 해서 그것이 자연현상을 설명해주는 진실로 인정될 수 없다는 사고 말이다. 다시 말해 전통과 권위의 무게가 오히려 인간의 분별력을 흐리게 만들 수 있다는 것이다. 그러기 위해서 새로운 과학적 사고와 관찰 가능한 증거를 통해 생각을 논리적으로 하는 수밖에 없다. 즉 모든 것은 생각에서 시작하지만 그 생각에는 논리라는 힘이 있어야 하고, 그 논리는 단순한 논리에 그치는 것이 아니라 상대방 이전에 자신에게 감동을 줄 수 있는 설득이어야 한다. 그때 "살아있는 동안 희망은 있다"라는 말을 느낄 수 있을지 모른다.

유럽 사회에서 이것이 가능했던 것은 15세기 중반 독일 마인츠에서 요하네스 구텐베르크가 활자를 발명하면서 인쇄술의 시대가 열리면서부터다. 구텐베르크가 인쇄기를 발명한 1452년 이전에는 책을 일일이 손으로 옮겨 쓰는 필사 작업을 했는데, 가령 250쪽 분량의 책을 만드는 데 대략 37일 정도 걸렸다고 한다. 또한 필사한 글씨는 알아보기 힘들 뿐만 아니라 읽기 좋게 하기 위해서는 필사본을 장서 규모로 크게 만들어야 했으므로 종이를 더 많이 쓰고 장정과 보관, 운송이 비쌀 수밖에 없는 구조였다.* 하지만 책을 기계로 복사할 수 있게 되면서 필사하던 때보다 책의 제작 기간이 단축되었고 동시에 책값이 줄었으며 많은 사람이 책을 이용하게 되었다. 즉 16세기에는 인쇄술의 혁신으로 '책의 혁명'이 일어났다. 그 덕에 과거 필사본의 20%밖에 안 되는 가격에 책 한 권을 살 수 있었다.†

한편 조선 사회는 세계 최초로 금속활자를 인쇄할 수 있는 선진 기술이 있었음에도 그로 인한 사회 전반적인 변화는 미미했지만, 유럽은 인쇄술이 직접적이고 커다란 사회적·문화적 변화를 가져왔다는 사실에 주목할 필요가 있다. 이유가 뭘까? 일각에서는 조선의 출판이 관 중심의 출판이어서 그렇다

---

* 스티븐 핑커, 김명남 옮김, 『우리 본성의 선한 천사』, 311쪽 참조.

† 마시모 폰테실라, '인쇄술과 책의 탄생', 『탐험, 무역, 유토피아의 시대: 중세 IV(1400-1500)』, 시공사 2018, 226-230쪽 참조.

고 말하기도 하는데 과연 그 이유가 전부였을까? 여기에서 다시금 묻게 된다. 모든 것은 생각에서 시작된다는 말의 의미를. 그리고 우리 스스로 그 생각과 능력을 제한하려고 한 것은 아닌가 하고 말이다. 그것이 권위적인 국가의 제도에 의해 기인한 것인지, 자제나 겸양이라는 개인적 사회적 윤리관에서 비롯한 것인지. 이제 우리는 개인과 사회 모두 스스로 묶어놓았던 생각의 제한을 풀고 세상으로 나아갈 때가 왔다. 동시에 문명화된 인간이 미개인보다 더 무례할 수 있다는 의식과 함께.

I. 제4변화 명사

라틴어 제4변화 명사의 활용은 제3변화 명사에 비해 훨씬 단순하며 그 수도 그리 많지 않다. 제4변화 명사는 -u 어간을 갖는 명사들로서 대부분이 남성(-us), 중성(-u) 명사이나 예외적으로 주격 어미가 -us로 끝나지만 여성인 명사들이 약간 있다.

E.g.

fructŭs, -ūs, m. 열매, 과실 cornū, -ūs, n. 뿔

구분	단수	복수	단수	복수
nom.	fruct-**us**	fruct-**us**	corn-**u**	corn-**ua**
gen.	fruct-**us**	fruct-**uum**	corn-**us**	corn-**uum**
dat.	fruct-**ui**	fruct-**ibus**	corn-**u**	corn-**ibus**
acc.	fruct-**um**	fruct-**us**	corn-**u**	corn-**ua**
abl.	fruct-**u**	fruct-**ibus**	corn-**u**	corn-**ibus**
voc.	fruct-**us**	fruct-**us**	corn-**u**	corn-**ua**

1. 제4변화 명사의 예

auditŭs, -ūs, m. 청각

cantŭs, -ūs, m. 노래

cāsŭs, -ūs, m. 경우, 사건, 사고

currŭs, -ūs, m. 수레, 차

cursŭs, -ūs, m. 뜀, 천체의 운행
ēventŭs, -ūs, m. 결과, 사건
exĭtŭs, -ūs, m. 출구, 말로
exercĭtŭs, -ūs, m. 군대
fluctŭs, -ūs, m. 파도
gustŭs, -ūs, m. 미각, 맛
impĕtŭs, -ūs, m. 공격, 충격
intellectŭs, -ūs, m. 지성, 오성
lăcŭs, -ūs, m. 호수
măgistrātŭs, -ūs, m. 관직, 관청
mōtŭs, -ūs, m. 운동, 움직임
occāsŭs, -ūs, m. 일몰, 해넘이, 서쪽, 몰락
ŏdōrātŭs, -ūs, m. 후각, 냄새
ortŭs, -ūs, m. 일출, 월출
portŭs, -ūs, m. 항구
sĕnātŭs, -ūs, m. 원로원, 의회
sensŭs, -ūs, m. 감각, 의미, 뜻
tactŭs, -ūs, m. 촉각
vīsŭs, -ūs, m. 시각
vultŭs, -ūs, m. 얼굴

cornū, -ūs, n. 뿔, 촉각
gĕlū, -ūs, n. 얼음, 한랭
gĕnū, -ūs, n. 무릎
vĕrū, -ūs, n. 적쇠, 석쇠

◇ 예외 여성인 -us 형태의 제4변화 명사들

ăcŭs, -ūs, f. 바늘
dŏmŭs, -ūs, f. 집
Īdūs, Īdŭum, f. pl. 매달 15일(또는 13일)
mănŭs, -ūs, f. 손* ; 군대
portĭcŭs, -ūs, f. 회랑, 현관
trĭbŭs, -ūs, f. 씨족, 지파

* manus라는 단어에서 영어의 *manumit*(라. manumitto), *manuscript*(라. manuscriptus), *manufacture*(라. manufactura)라는 말이 유래하며, 'manuale, -is, n. 교본'에서 영어의 *manual*이 파생하고, 독일어로는 *Handbuch*라고 한다. '손'이라는 말과 함께 '손가락'이라는 뜻의 라틴어는 "digitus, -i, m."이며, 여기서 영어의 *digit*, *digital* 등의 어휘가 파생한다.

제4변화 명사 가운데 acus, domus, tribus는 제4변화 명사 어미변화 형태와 제2변화 명사 어미변화 형태가 혼재하는 불규칙한 어미변화이다.

E.g.

dŏmŭs, -ūs, f. 집

구분	단수	복수
nom./voc.	dom-**us**	dom-**us**
gen.	dom-**us**	dom-**uum**/dom-**orum**
dat.	dom-**ui**/dom-**o**	dom-**ibus**
acc.	dom-**um**	dom-**os**/dom-**us**
abl.	dom-**o**/dom-**u**	dom-**ibus**

dŏmŭs 명사에는 제4변화 명사와 제2변화 명사의 어미변화 형태가 혼재하는 동시에 고대의 처소격 형태의 어미변화가 남아 있다. 처소격은 장소나 시간 등을 나타내는 격으로서 고대 라틴어에 존재했던 개념인데, domus 명사는 전치사를 사용하지 않고서도 'domi-집에서', 'domum-집으로', 'domo-집에서부터'의 의미를 나타낸다. 그중 domus 명사의 domi는 처소격의 용법 가운데 특별히 장소를 나타나는 형태인 장소 속격으로서 소재지를 표시하는 in domo 대신에 쓰며, '집에서'라는 의미와 함께 때로는 은유적 표현으로 '조국에'라는 뜻을 가진다. 'domi militiaeque, domi bellique 평화로

울 때나 전시에나'라는 관용어적 표현이 있다. 영어의 '*dome*', 독일어의 '*dom*'이라는 어휘는 라틴어 'domus'에서 유래한다.

3. 복수 여격과 탈격의 어미가 -ibus가 아니라 -ubus를 가지는 명사들

-ibus로 표기할 때 다른 뜻을 가졌으나 형태가 같은 단어들과 혼동을 피하기 위해 다른 형태의 어미변화를 가진다. 가령 'arx, arcis, f. 포대, 요새'라는 명사의 복수 여격과 탈격 'arcibus'와의 혼동을 피하기 위해 'arcubus'가 되었다.

ăcŭs, -ūs, f. 바늘	→	acubus
arcŭs, -ūs, m. 활, 무지개, 아치	→	arcubus
lăcŭs, -ūs, m. 호수	→	lacubus
quercŭs, -ūs, f. 참나무	→	quercubus
spĕcŭs, -ūs, m. 동굴, 굴	→	specubus

○ 다음 명사들은 'ars, artis, f. 예술; pars, partis, f. 부분; tres, tria, adj. 셋'이라는 어휘와 혼동을 피하기 위해 다음과 같은 형태를 취한다.

artŭs, -ūs, m. 관절	→	artubus
partŭs, -ūs, m. 분만, 해산; 자식	→	partubus
trĭbŭs, -ūs, f. 씨족, 지파	→	tribubus

○ 다음 명사들은 복수 여격과 탈격의 어미가 -ibus, -ubus 모두를 사용하는 명사이다.

portŭs, -ūs, m. 항구 → portibus, portubus

vĕrū, vĕrūs, n. 석쇠 → veribus, verubus

II. 제5변화 명사

제5변화 명사는 모음 어간 -e를 가지며, 단수 속격의 어미는 -ei이다. 제5변화 명사에 해당하는 어휘는 그리 많지 않으며, 'dĭēs, dĭēi, m. 날; mĕrīdĭēs, -ēi, m. 정오'를 제외하고 모두 여성이다.

E.g.

dĭēs, dĭēi, m. 날(*day*) rēs, rĕi, f. 일(*thing*)

구분	단수	복수	단수	복수
nom./voc.	di-**es**	di-**es**	r-**es**	r-**es**
gen.	di-**ei**	di-**erum**	r-**ei**	r-**erum**
dat.	di-**ei**	di-**ebus**	r-**ei**	r-**ebus**
acc.	di-**em**	di-**es**	r-**em**	r-**es**
abl.	di-**e**	di-**ebus**	r-**e**	r-**ebus**

○ 제5변화 명사는 dĭēs와 rēs만이 복수 형태를 가지고 그 나머지 명사들은 복수 형태가 없다.

○ 제5변화 명사에는 중성명사가 없다.

dĭēs, -ēi, m./f. 날, 하루, 낮
ăcĭēs, -ēi, f. 전선, 진지; 군대
făcĭēs, -ēi, f. 얼굴, 모습
glăcĭēs, -ēi, f. 얼음
pernĭcĭēs, -ēi, f. 파멸, 재앙
rēs, rĕi, f. 사물, 물건, 일
spĕcĭēs, -ēi, f. 외관, 종(種)
mĕrīdĭēs, -ēi, m. 정오, 남쪽
effĭgĭēs, -ēi, f. 초상, 모습
fĭdēs, -ĕi, f. 믿음, 신뢰
mātĕrĭēs, -ēi, f. 물질, 재료
planties, -ei, f. 평원, 평면
sĕrĭēs, -ēi, f. 차례, 계열
spēs, spĕi, f. 희망

N.B. facie ad faciem 얼굴을 맞대고

○ dies 명사의 성

1. 남성

1) dies 명사가 24시간을 가진 날을 표시할 때는 남성이다. 또한 명사의 복수 형태는 늘 남성명사이다.

die ac(et) nocte 밤낮으로

ante/postmeridiem의 약어 a.m.과 p.m.
diem ex die 매일의, 날마다의
ex hoc die 오늘부터
his diebus 요사이에
in dies 날로
in paucis diebus 며칠 안에
in singulos dies 나날이
integro die 온종일
per duos(tres) dies 이틀(사흘) 동안
dies Dominica 주일
Dies Irae 분노의 날: 진혼(장례) 미사곡 레퀴엠(Requiem, acc. f.)의 한 부분

2) 의사의 처방전

diebus alternis 하루걸러(*every other day*)
diebus tertiis 이틀 간격으로(*every third day*)
b.i.d. "bis in die 하루에 두 번"의 약어
t.i.d. "ter in die 하루에 세 번"의 약어

2. 여성

몇 월 며칠, 편지 날짜, 주기적인 날짜를 표기할 때는 여성명사가 된다.

1) 회담을 위해 정해진 날, 특정한 날, 돈 갚는 날

E.g.

dies dicta, dies certa, dies pecuniarum

2) 편지에서 언급한 날

E.g.

In epistula dies signata non erat. 편지에는 날짜가 분명하지 않았다.

3) 잠시간의 순간이라는 의미로 사용될 때

E.g.

Diem perexiguam postulavi. (키케로) 나는 짧은 시간을 요청했다.

VOCABULA

postŭlo, as, āvi, ātum, -āre, ❶ tr. 요구하다, 부탁하다

pĕrexĭgŭus, -a, -um, adj. 매우 짧은

✳ 연습문제 11강 - 66P

LECTIO XII

BONUS JUDEX SECUNDUM ÆQUUM ET BONUM JUDICAT

형용사 제1형
/ 형용사의 명사적 용법

BONUS JUDEX SECUNDUM ÆQUUM ET BONUM JUDICAT.

선한 재판관은 공정과 선에 따라 판단한다.

함께하는 라틴어 이야기

"중세 그리스도교는 잔인함의 문화였다. 온 대륙의 국가, 지역 정부들이 고문을 자행했다. 눈멀게 하기, 낙인찍기, 손·귀·코, 혀 자르기, 그 밖의 신체 절단이 경범죄에 대한 처벌로서 법적으로 승인되었다. 처형은 가학성의 향연이었다."*

---

* 스티븐 핑커, 김명남 옮김, 244쪽 인용.

중세 전반기와 후반기, 1200~1400년 사이에 중세 유럽의 형사재판은 군주제의 강화와 법 이론의 발전, 그리고 로마 가톨릭교회의 교회법 발전을 통해 중세 후반에 등장한 형법 체계의 근대화에 커다란 영향을 끼쳤다. 그런데 역설적이게도 로마 가톨릭교회에 의한 형법의 발전은 이단 심문을 하는 종교재판 과정에서 나왔다. 세속 법원은 교회의 종교재판, 즉 이단자 심문 지침을 모방하여 죄질이 무거운 범죄자의 처벌을 결정했는데, 교회의 이러한 이단 심문은 신·구교 모두 피고의 자백을 받아내고 처벌 절차를 진행하기 위해 고문을 조장하고, 재판을 선동적으로 이끌어가는 경향이 강했다.[†]

여기에 대한 반동으로 심문 수단으로서 고문을 거부하고 자백의 증거적 가치를 비판하게 되는데, 이것이 이후 유럽 주요 국가의 사법개혁을 가져오는 계기가 된다. 이후 서구의 형사법 제도의 잔인함에 대한 커다란 전환점이 18세기 일어난다. 이는 법학자가 아닌 밀라노의 경제학자이자 사회과학자였던 체사레 베카리아Cesare Beccaria, 1738-1794라는 인물에 의해 일어났는데, 그는 1764년 『범죄와 형벌(Dei delitti e delle pene)』이라는 책을 썼으며, 이 책은 볼테르, 드니 디드로, 토머스 제퍼슨, 존 애덤스와 같은 중요 정치 사상가들에게 영향을 미쳤다.

이 책에서 베카리아는 사법 제도의 목표는 '최대 다수의 최대 행복'이라는 원칙이라고 말한다. 우리가 제러미 벤담이 말한 공리주의의 표어라고 알고 있던 것이 실제로는 베카리아의 표현이다. 그는 처벌이란 사람들이 스스로 입는 피해보다 더 큰 피해를 남에게 가하는 것을 막기 위해서 쓰일 때만 타당

† 다리오 이플리토, '형사재판', 『성, 상인, 시인의 시대: 중세 III(1200-1400)』, 시공사 2018, 238-241쪽 참조.

하며, 범죄가 주는 피해에 비례해야 한다고 말한다. 또한 재판은 공개적으로 진행되어야 하고, 증거에 의존해야 한다는 결론, 사형이 억제 정책으로서 꼭 필요한 것은 아니며 국가에 허용된 힘에 해당하지도 않는다고 말한다. 교황은 이러한 베카리아의 주장을 담은 책을 금서 목록에 올리면서, 원죄에서 시작된 인간의 타고난 타락에 맞대응하려면 강한 처벌이 필요하다고 주장한다. 하지만 모두 아는 것처럼 결국에는 베카리아의 생각이 이기게 된다. 몇십 년 만에 거의 모든 서구 국가들에서 사법적 고문은 폐지된다.[†] 그리고 베카리아의 결론은 오늘날 범죄와 형벌의 비례를 요청하는 책임원칙, 공정하고 신속한 재판의 원칙 등으로 현대 형사사법체계의 핵심원리로 기능하고 있다. 아울러 1783년 영국이 낙하식 교수형을 도입하고, 1792년 프랑스가 단두대를 도입했을 때, 지금 우리의 시각으로는 그것도 잔인하다고 생각될 수 있지만, 사실 그것은 범죄자 또한 인간이라는 사실에 기반한 공감의 결과였다. 낙하식 교수형이나 단두대 모두 피해자의 의식을 순식간에 앗아가는 처형이기 때문에 이전의 괴로움을 질질 끄는 처형보다 훨씬 더 인간적이었기 때문이다.

† 같은 책, 272-273쪽 참조.

I. 형용사 제1형

앞에서 여성 형용사 제1형의 기본에 대해 배울 때 형용사가 1형, 2형으로 나뉜다고 언급한 바 있다. 여기에서는 먼저 형용사 제1형을 살펴볼 텐데, 형용사 제1형은 어미변화의 형태에 따라 다시 세 가지로 구분된다.

구분	m.	f.	n.	m.	f.	n.
1식	**-us**	**-a**	**-um**	bonus	bona	bonum
2식	**-er**	**-era**	**-erum**	liber	libera	liberum
3식	**-er**	**-ra**	**-um**	aeger	aegra	aegrum

1. 형용사 제1형 1식: -us, -a, -um

E.g.

bŏn-us, bŏn-a, bŏn-um 착한

수	단수			복수		
격 ╲ 성	m.	f.	n.	m.	f.	n.
nom.	bon-**us**	bon-**a**	bon-**um**	bon-**i**	bon-**ae**	bon-**a**
gen.	bon-**i**	bon-**ae**	bon-**i**	bon-**orum**	bon-**arum**	bon-**orum**
dat.	bon-**o**	bon-**ae**	bon-**o**	bon-**is**	bon-**is**	bon-**is**
acc.	bon-**um**	bon-**am**	bon-**um**	bon-**os**	bon-**as**	bon-**a**
abl.	bon-**o**	bon-**a**	bon-**o**	bon-**is**	bon-**is**	bon-**is**
voc.	bon-**e**	bon-**a**	bon-**um**	bon-**i**	bon-**ae**	bon-**a**

altus, alta, altum 높은

lātus, lāta, lātum 넓은

magnus, magna, magnum 큰

parvus, parva, parvum 작은, 적은

multus, multa, multum 많은

paucus, pauca, paucum 적은, 소수의

bŏnus, bŏna, bŏnum 좋은

mălus, măla, mălum 나쁜

prĕtĭōsus, prĕtĭōsa, prĕtĭōsum 값진

prāvus, prāva, prāvum 좋지 않은

pūblĭcus, pūblĭca, pūblĭcum 공공의

prīvātus, prīvāta, prīvātum 박탈적인, 개인적인

sanctus, sancta, sanctum 성스러운

hūmānus, hūmāna, hūmānum 인간적인

dūrus, dūra, dūrum 굳은

singŭlus, singŭla, singŭlum 단일의

clārus, clāra, clārum 유명한

stultus, -a, -um 어리석은

2. 형용사 제1형 2식: -er, -era, -erum

E.g.

līb-ĕr, lībĕ-ra, lībĕr-um 자유로운

수	단수			복수		
격 \ 성	m.	f.	n.	m.	f.	n.
nom.	liber	liber-**a**	liber-**um**	liber-**i**	liber-**ae**	liber-**a**
gen.	liber-**i**	liber-**ae**	liber-**i**	liber-**orum**	liber-**arum**	liber-**orum**
dat.	liber-**o**	liber-**ae**	liber-**o**	liber-**is**	liber-**is**	liber-**is**
acc.	liber-**um**	liber-**am**	liber-**um**	liber-**os**	liber-**as**	liber-**a**
abl.	liber-**o**	liber-**a**	liber-**o**	liber-**is**	liber-**is**	liber-**is**
voc.	liber	liber-**a**	liber-**um**	liber-**i**	liber-**ae**	liber-**a**

○ 형용사 liber는 제2변화 명사 puer, pueri의 형태와 같이 어미변화를 한다. 이 경우 'liber'는 어근과 같이 불변하고, 어미가 첨가되어 어미변화를 한다.

aspĕr, aspĕra, aspĕrum 거친, 험한
frūgĭfĕr, frūgĭfĕra, frūgĭfĕrum 비옥한
mĭsĕr, mĭsĕra, mĭsĕrum 불쌍한
tĕnĕr, tĕnĕra, tĕnĕrum 부드러운

3. 형용사 제1형 3식: -er, -ra, -um

E.g.

pulchĕr, pulchra, pulchrum 아름다운

수	단수			복수		
격＼성	m.	f.	n.	m.	f.	n.
nom.	pulcher	pulchr-**a**	pulchr-**um**	pulchr-**i**	pulchr-**ae**	pulchr-**a**
gen.	pulchr-**i**	pulchr-**ae**	pulchr-**i**	pulchr-**orum**	pulchr-**arum**	pulchr-**orum**
dat.	pulchr-**o**	pulchr-**ae**	pulchr-**o**	pulchr-**is**	pulchr-**is**	pulchr-**is**
acc.	pulchr-**um**	pulchr-**am**	pulchr-**um**	pulchr-**os**	pulchr-**as**	pulchr-**a**
abl.	pulchr-**o**	pulchr-**a**	pulchr-**o**	pulchr-**is**	pulchr-**is**	pulchr-**is**
voc.	pulcher	pulchr-**a**	pulchr-**um**	pulchr-**i**	pulchr-**ae**	pulchr-**a**

남성 형용사 pulcher는 명사 'aper, apri, m. 멧돼지'의 어미변화와 같다. 따라서 단수 속격의 모음 '-e'가 탈락하여 'pulchr'가 어근 역할을 하며 어미변화를 한다.

aegĕr, aegra, aegrum 아픈

ātĕr, ātra, ātrum 어두운

intĕgĕr, integra, integrum 완전한, 공정한

nĭgĕr, nĭgra, nĭgrum 검은

pĭgĕr, pigra, pigrum 게으른

săcĕr, săcra, săcrum 거룩한

nostĕr, nostra, nostrum 우리의

vestĕr, vestra, vestrum 너희의

4. 형용사의 일치

형용사는 수식하는 명사와 성, 수, 격을 일치시켜야 한다. 라틴어 형용사는 명사 다음에 놓는데, 이것은 거명된 사람이나 사물이 첨가된 말, 꾸밈말보다 더 중요하다고 생각한 로마인의 사고에서 기인한다. 그러나 지시형용사와 수사를 비롯해, 화자가 특별히 강조하기를 원하는 형용사는 명사 앞에 놓는다. 이 점에 대해서는 '형용사의 용법'에서 다시 살펴보도록 하자.

E.g.

pŭĕr magnus 큰 아이

격 \ 수	단수	복수
nom.	puer magnus 큰 아이가	pueri magni 큰 아이들이
gen.	pueri magni 큰 아이의	puerorum magnorum 큰 아이들의
dat.	puero magno 큰 아이에게	pueris magnis 큰 아이들에게
acc.	puerum magnum 큰 아이를	pueros magnos 큰 아이들을
abl.	puero magno 큰 아이에 의해서	pueris magnis 큰 아이들에 의해서
voc.	puer magne 큰 아이야	pueri magni 큰 아이들아

II. 형용사의 한정 용법과 서술 용법

한정 용법의 형용사는 꾸며 주는 명사와 같은 성, 수, 격을 사용한다.

E.g.

Pax romana 로마식의 평화

N.B. 'pax'가 여성명사이므로 그것을 수식하는 형용사도 여성으로 일치시킨다.

서술 용법은 서술어를 꾸미는 형용사 역시 주어와 성·수·격이 일치해야 한다.

E.g.

Deus(-i, m.) bonus(m. adj.) est. 신(神)은 선하다.
Methodus(-i, f.) bona(f. adj.) est. 방법이 좋다.
Puella(-ae, f.) pulchra(f. adj.) est. 소녀가 예쁘다.
Vita(-ae, f.) brevis(m./f. adj.) est. 인생은 짧다.

III. 형용사의 명사적 용법

형용사의 가장 일반적인 용법은 명사나 대명사를 수식하거나 보어로 사용되는 것이지만, 단독으로 명사처럼 사용되는 경우도 있다. 이를 형용사의 명사적 용법 또는 '형용사의 명사화'라고 한다.

E.g.
bonus(m.) 착한 사람, bona(f.) 착한 여자, bonum(n.) 선(善)

1) 형용사가 수식하는 명사 없이 단독으로 쓰여 특정인을 지칭하는 경우

가령 영어의 '*poor*, 가난한'이라는 형용사에 정관사 *the*를 붙여 '*the poor* 가난한 사람들'이 되는 경우로 이해하면 된다.

E.g.
stultus, -a, -um, adj. 어리석은, 멍청한 → (명사화) m. 어리석은 사람

Experientia stultos docet.
경험은 어리석은 자들을 가르친다.

이런 유형의 형용사는 다음과 같다.

bŏni 착한 사람들
divites 부자들
docti 현명(유식)한 사람들
stulti 어리석은 사람들
mălì 나쁜 사람들
pauperes 가난한 사람들
indocti 무식한 사람들
Romani 로마인들

2) 형용사가 명사로 고착된 경우

명사 'amicus, m. 친구; amica, f. 여자 친구'는 'amicus, amica, amicum, 친근한, 친구의'라는 형용사가 명사화되어, 고착된 경우이다.

3) 중성 형용사가 추상명사가 된 경우

bonum, -i, n. 좋은 것, 선, 행복
novum, -i, n. 새로운 것, 뉴스
falsum, -i, n. 거짓
malum, -i, n. 나쁜 것, 악, 불행
verum, -i, n. 진실

✳ 연습문제 12강 - 76P

LECTIO XIII

ARS LONGA, VITA BREVIS

형용사 제2형 / 형용사 제2형 변화 예외
/ 소유형용사와 소유대명사

ARS LONGA, VITA BREVIS.

예술은 길고, 인생은 짧다.

함께하는 라틴어 이야기

아리스토텔레스는 인간이 추구하는 가장 궁극적인 목표를 행복이라 보았고 이를 '최고선summum bonum'이라고 표현했다. 그렇다면 인간은 과연 아리스토텔레스가 말한 대로 행복을 추구하는 존재일까? 그리고 인간은 행복하기 위해 태어난 존재일까?

인간은 생을 시작하면 생을 마칠 때까지 살아가야 한다. 물론 스스로 생을 마감하는 경우도 있지만, 대다수 인간은 생의 주어짐이 끝나야 생을 넘어갈

수 있다. 인간에게 생이란 마치 정해진 시간과도 같다. 정해진 시간은 채워져야 끝이 온다. 서두르거나 재촉한다고 그 끝이 빨리 오지 않는다. 바로 행복은 그 정해진 시간을 채워가는 데 고단하고 지친 삶에 주어지는 사탕과도 같은 존재일지 모른다. 다시 말해 행복은 살아가는 데 추구의 대상이 아니라 인간이 정해진 시간을 채워가는 데 필요한 것이 행복 또는 행복감이 아닐까.

그래서 행복은 상태가 아니라 태도가 될 수 있다. 바로 정해진 시간을 채워가는 데 필요한 태도 말이다. 그리고 그 태도를 이어가게 해주는 동력은 역설적이게도 배워야 할 것은 많고 인생은 짧은 데 있는지도 모르겠다.

이번 강에서는 제목 'Ars longa, vita brevis'에 쓰인 형용사 'brevis'가 속한 형용사 제2형을 공부해본다. 형용사 제2형은 단수 주격의 형태가 남성·여성·중성이 각기 다른 경우(acer, acris, acre), 남성과 여성은 같고 중성만 다른 경우(dulcis, dulce), 남성·여성·중성이 모두 같은 형태(vetus)의 형용사 등 세 가지로 구분된다. 형용사 제2형은 단수 탈격의 어미가 -i, 복수 속격의 어미가 -ium, 중성 복수의 주격과 대격의 어미가 -ia로 끝나는 것이 특징이다.

I. 형용사 제2형 1식

ācĕr, ācris, ācre 날카로운, 뾰족한, 예리한

수	단수			복수		
격 ＼ 성	m.	f.	n.	m.	f.	n.
nom.	acer	acr-**is**	acr-**e**	acr-**es**	acr-**es**	acr-**ia**
gen.	acr-**is**	acr-**is**	acr-**is**	acr-**ium**	acr-**ium**	acr-**ium**
dat.	acr-**i**	acr-**i**	acr-**i**	acr-**ibus**	acr-**ibus**	acr-**ibus**
acc.	acr-**em**	acr-**em**	acr-**e**	acr-**es**	acr-**es**	acr-**ia**
abl.	acr-**i**	acr-**i**	acr-**i**	acr-**ibus**	acr-**ibus**	acr-**ibus**
voc.	acer	acr-**is**	acr-**e**	acr-**es**	acr-**es**	acr-**ia**

○ 형용사 제2형 1식 'acer, acris, acre' 형태의 형용사는 주격과 호격을 제외하면, 남성과 여성의 어미변화가 모두 같다. 중성의 경우에도 주격, 대격, 호격을 제외하고 남성·여성과 어미변화가 같다.

○ 형용사 제2형 1식 형태의 형용사는 달 이름을 나타내는 명사 'September(9월), October(10월), November(11월), December(12월)' 어미변화의 형태를 따른 것이다.

○ 형용사 제2형 1식에서 -er, -ris, -re 형태의 어미는 모두 7가지이다.

ācĕr, ācris, ācre 날카로운, 뾰족한, 예리한
ălăcĕr, ălăcris, ălăcre 활발한, 발랄한, 재빠른, 유쾌한
cĕlĕbĕr, cĕlĕbris, cĕlĕbre 번화한, 유명한
cĕlĕr, cĕlĕris, cĕlĕre 빠른, 신속한
pŭtĕr, pŭtris, pŭtrĕ 썩은, 악취 나는, 시든
sălūbĕr, sălūbris, sălūbre 건강(몸)에 좋은, 유익한
vŏlŭcĕr, vŏlŭcris, vŏlŭcre 날아다니는, 날개 달린

○ 형용사 제2형 1식에서 -ster, -stris, -stre 형태는 모두 6가지이다.

campestĕr, campestris, campestre 평야의, 들판의, 평탄한
ĕquestĕr, equestris, equestre 기병의, 기사의, 남작의
pălustĕr, pălustris, pălustre 진흙의, 수렁의, 늪이 많은
pĕdestĕr, pĕdestris, pĕdestre 도보의, 보병의
silvestĕr, silvestris, silvestre 숲의, 야생의
terrestĕr, terrestris, terrestre 지상의, 땅의, 육지의

II. 형용사 제2형 2식

fortis, fortis, forte **강한, 용맹한**

수	단수			복수		
격 \ 성	m.	f.	n.	m.	f.	n.
nom.	fort-**is**	-is	fort-**e**	fort-**es**	-es	fort-**ia**
gen.	fort-**is**	-is	fort-**is**	fort-**ium**	-ium	fort-**ium**
dat.	fort-**i**	-i	fort-**i**	fort-**ibus**	-ibus	fort-**ibus**
acc.	fort-**em**	-em	fort-**e**	fort-**es**	-es	fort-**ia**
abl.	fort-**i**	-i	fort-**i**	fort-**ibus**	-ibus	fort-**ibus**
voc.	fort-**is**	-is	fort-**e**	fort-**es**	-es	fort-**ia**

○ 형용사 제2형 2식 'fortis, fortis, forte' 형태는 남성과 여성의 어미변화가 똑같다. 중성의 경우에 남성, 여성과 비교해서 주격, 대격 그리고 호격의 형태가 다르다. 그러나 중성의 주격과 대격 그리고 호격의 형태는 모두 같다.

○ 제2형 2식 형용사는 달 이름 명사인 'Aprilis(4월), Quintilis(5월), Sextilis(6월)'의 어미변화 형태를 따른 것이다.

admīrābĭlis, -e 감탄할

brĕvis, -e 짧은

cīvīlis, -e 시민의, 시민적

commūnis, -e 공동의, 공통된

crūdēlis, -e 포악한, 잔악한

difficĭlis, -e 어려운

făcĭlis, -e 쉬운

fīdēlis, -e 충실한, 충성스러운

fertĭlis, -e 비옥한

hĭlăris, -e 경쾌한, 쾌활한

infĭdēlis, -e 불충실한

illustris, -e 유명한, 빛나는

hŭmĭlis, -e 겸손한, 낮은

mortālis, -e 죽어 없어질

immortālis, -e 불사불멸의

omnis, -e 모든

mītis, -e 양순한

tristis, -e 우울한, 슬픈

princĭpālis, -e 중요한, 주요한

turpis, -e 추악한, 더러운

sĭmĭlis, -e (여격 요구) 비슷한

dissĭmĭlis, -e (여격 요구) 비슷하지 않은

ūtĭlis, -e (여격 요구) 유익한

ĭnūtĭlis, -e (여격 요구) 무익한

III. 형용사 제2형 3식

audax, audācis 대담한, 담대한, 넉살 좋은

수	단수			복수		
격 \ 성	m.	f.	n.	m.	f.	n.
nom.	audax	audax	audax	audac-**es**	audac-**es**	audac-**ia**
gen.	audac-**is**	audac-**is**	audac-**is**	audac-**ium**	audac-**ium**	audac-**ium**
dat.	audac-**i**	audac-**i**	audac-**i**	audac-**ibus**	audac-**ibus**	audac-**ibus**
acc.	audac-**em**	audac-**em**	audax	audac-**es**	audac-**es**	audac-**ia**
abl.	audac-**i**	audac-**i**	audac-**i**	audac-**ibus**	audac-**ibus**	audac-**ibus**
voc.	audax	audax	audax	audac-**es**	audac-**es**	audac-**ia**

○ 형용사 제2형 3식은 남성, 여성, 중성의 단수 주격 형태가 모두 같으며, 단수 속격부터 음절수가 늘어난다. 따라서 형용사 제2형 3식은 명사처럼 주격과 속격을 함께 외워야 명사 변화의 형식을 잘 알 수 있다. 이런 이유에서 주격(clemens)과 속격(clementis)을 병기한 것이다. 따라서 다른 형용사의 유형과 구분하여야 한다.

E.g.

audax (아-우-닥스) 3음절 → audacis (아-우-다-치스) 4음절

○ 'audax, audacis' 형용사는 남성과 여성의 어미변화가 모두 같다. 다만 중성의 경우에만 단수 대격, 복수 주격과 대격, 호격의 형태가 다르다.

E.g.

homo(m.) audax 대담한 남자
mulier(f.) audax 대담한 부인
animal(n.) audax 무모한 동물

clēmens, clementis 어진, 관대한
concors, concordis 화목한
discors, discordis 불목한
constans, constantis 꾸준한
dīlĭgens, dīlĭgentis 부지런한, 근면한
fēlix, fēlīcis 비옥한, 행복한
fŭgax, fŭgācis 도망(기피)하는, 비겁한, 기피하는
ingens, ingentis 거대한, 방대한
mendax, mendācis 거짓말하는
mĭsĕrĭcors, mĭsĕrĭcordis 자비로운
pŏtens, pŏtentis 유능한, 강력한
prūdens, prūdentis 신중한, 현명한
răpax, răpācis 강탈하는, 욕심 많은
săpĭēns, săpĭēntis, 지혜로운, 현명한
vĕhĕmens, vĕhĕmentis, 난폭한
vēlox, vēlōcis 빠른

IV. 형용사 제2형의 변화 예외

vĕtŭs, vĕtĕris, 옛, 낡은

수	단수			복수		
격＼성	m.	f.	n.	m.	f.	n.
nom.	vetus	vetus	vetus	veter-**es**	veter-**es**	veter-**a**
gen.	veter-**is**	veter-**is**	veter-**is**	veter-**um**	veter-**um**	veter-**um**
dat.	veter-**i**	veter-**i**	veter-**i**	veter-**ibus**	veter-**ibus**	veter-**ibus**
acc.	veter-**em**	veter-**em**	vetus	veter-**es**	veter-**es**	veter-**a**
abl.	veter-**e**	veter-**e**	veter-**e**	veter-**ibus**	veter-**ibus**	veter-**ibus**
voc.	vetus	vetus	vetus	veter-**es**	veter-**es**	veter-**a**

○ 'vetus, veteris' 형태의 형용사는 다른 제2형 형용사들의 어미변화와 달리 탈격의 어미가 -e, 복수 속격의 어미가 -um이 된다. 'veteranus, -a, -um, adj. 옛, 늙은, 고참병의'에서 불어 'vétéran'이 유래한다.

○ 형용사 제2형의 변화 예외는 제3변화 명사 제1식의 어미변화를 따른다.

구분	abl. 단수	gen. 복수
dīvĕs, dīvĭtis 부요한, 부자의	divite	divitum
paupĕr, paupĕris 가난한	paupere	pauperum
iŭvĕnis, iŭvĕnis 젊은	iuvene	iuvenum
sĕnex, sĕnis 늙은	sene	senum
partĭceps, partĭcĭpis (속격 요구) 참가한	participe	participum
princeps, princĭpis 으뜸가는, 군주의	principe	principum
sospĕs, sospĭtis 무사한, 안전한	sospite	sospitum
sŭperstes, superstĭtis 살아남은	superstite	superstitum

N.B. 이 유형의 형용사들 중에는 divites 부자들, pauperes 가난한 사람들, princeps 군주, 임금, 제후, 으뜸 등과 같이 명사화되어 사용되는 것들도 있다.

○ 다음 형용사들은 단수 탈격 어미는 규칙대로 -i이며, 복수 속격만 -um이 된다.

구분	abl. 단수	gen. 복수
ĭnops, ĭnŏpis (속격 요구) 없는, 궁핍한	inopi	inopum
mĕmŏr, mĕmŏris (속격 요구) 기억하는	memori	memorum
immĕmŏr, immĕmŏris (속격 요구) 기억하지 않는	immemori	immemorum
supplex, supplĭcis 간청하는, 애원하는	supplici	supplicum
vĭgĭl, vĭgĭlis 깨어 지키는, 야경하는	vigili	vigilum

V. 소유대명사와 소유형용사

라틴어에서 '나의, 너의, 그의, 우리의, 너희의, 그들의'라는 소유형용사 표현은 어떻게 사용할까? 라틴어에서 이러한 표현은 인칭대명사의 속격(gen.)을 사용하지 않고, 인도유럽어의 영향을 받아 소유형용사를 사용한다.

1. 라틴어의 소유대명사와 소유형용사는 그 형태가 모두 같다. 소유대명사와 소유형용사의 차이는 소유대명사는 단독으로 사용하고, 소유형용사는 명사를 수식한다는 점이다.

단수		복수	
meus, mea, meum	나의	noster, nostra, nostrum	우리(의)
tuus, tua, tuum	너의	vester, vestra, vestrum	너희(의)
자기(의) suus, sua, suum 자기들의			
eius	그의	eorum, earum, eorum	그들의

○ 소유대명사와 소유형용사의 용례

E.g.

Liber meus et tuus sunt in mensa.

나의 책과 너의 것이 책상에 있다.

이 문장에서 'meus 나의'는 명사 liber를 수식하기에 소유형용사이고, 'tuus 너의 것'은 소유대명사이다. 소유형용사는 명사 뒤에 위치한다.

2. 소유대명사는 문법상 형용사이며 어미변화는 형용사 제1형 1식과 같이 변화한다. 따라서 꾸며주는 명사의 성·수·격에 일치해야 한다. 또한 소유형용사로 쓰일 때의 의미와 소유형용사가 명사화되었을 때의 의미는 아래와 같다.

E.g.

meus, -a, -um, adj. poss. 나의; m. pl. 내 가족; n. sg. 내 본분, 의무; n. pl. 내 것

tuus, -a, -um, adj. poss. 너의; m./f. 너의 사람; n. 너의 것; m./f./n. pl. 네 부모

수	단수			복수		
격 성	m.	f.	n.	m.	f.	n.
nom.	me-us	me-a	me-um	me-i	me-ae	me-a
gen.	me-i	me-ae	me-i	me-orum	me-arum	me-orum
dat.	me-o	me-ae	me-o	me-is	me-is	me-is
acc.	me-um	me-am	me-um	me-os	me-as	me-a
abl.	me-o	me-a	me-o	me-is	me-is	me-is

이것은 나의 책이다. Hic est liber meus.

N.B. Hic(liber에 일치) est liber(sg. m. nom.) meus(liber에 일치).

이것은 너의 책상이다. Haec est mensa tua.

N.B. Haec(mensa에 일치) est mensa(sg. f. nom.) tua(mensa에 일치).

이것은 그의 책이다. Hic est liber eius.

어디에 나의 책들이 있느냐? Ubi sunt libri(m. pl) mei?

(나는) 나의 아버지를 보았다. Vidi patrem meum.

(너는) 너의 아버지를 보았다. Vidisti patrem tuum.

3. 소유대명사 3인칭 suus, sua, suum은 같은 문장에서 suus, -a, -um이 가리키는 대상이 주어와 같은 경우에 쓰고, suus, -a, -um이 가리키는 대상이 주어와 다를 경우에는 is, ea, id의 속격인 eius(단수), eorum(복수 남성, 중성), earum(복수 여성)을 사용한다. 다시 말해, 소유대명사와 주어가 일치할 경우에는 suus, sua, suum을 쓰고, 소유대명사와 주어가 일치하지 않을 경우에는 지시대명사 is, ea, id를 쓴다.

다음 두 경우를 비교하면 좀 더 쉽게 이해할 수 있을 것이다.

1) 주어와 같은 경우

E.g.

Marcus(주어) cum amicis suis pervenit.

마르코는 자기 친구들과 함께 도착했다. (Marcus = suis)

Parentes liberos suos valde amant.

부모는 자기 자녀들을 매우 사랑한다. (parentes = suos)

2) 주어와 다른 경우

E.g.

Marcum(목적어) cum eius amicis vidi.

나는 그의 친구들과 함께 마르코를 보았다. (나 ≠ eius, Marcum = eius)

Magister laudavit alumnos et eorum parentes.
선생님은 학생들과 그들(학생)의 부모를 칭찬했다. (alumnos = eorum)
Pater liberos suos amat, sed inertiam eorum vituperat.
아버지는 자기 자녀들을 사랑하지만, 그들(자녀들)의 무능은 책망한다. (liberos = eorum)

VOCABULA

inertia, -ae, f. 무능, 무력, 타성

4. 소유대명사는 noster와 mi를 제외하고 호격이 없다.

E.g.
Fili mi! 내 아들아!
Amice mi! 내 벗이여!

5. 소유대명사는 보통 명사 뒤에 놓지만 강조하기 위해 명사 앞에 놓을 수도 있다.

E.g.
Pater noster, noster pater 우리 아버지
regina patriae nostrae 우리나라의 여왕

동사의 시제와 서법

I. 동사의 시제

시제는 고대 인도유럽어 동사의 시간 구분에 따라 행동이 완료되었느냐 또는 미완료되었느냐 따라 구분했고, 현재의 시점에서 과거와 미래를 구분하는 것은 후대에 생겨났다. 이 가운데 라틴어의 가장 대표적인 시제는 능동태 직설법 현재와 현재완료다. 라틴어 사전에서도 동사는 동사의 부정사(동사원형)가 아니라 직설법 현재 단수 1인칭, 2인칭, 단순과거, 목적분사, 부정사의 순서로 표기된다. 따라서 동사를 암기할 때도 다음과 같은 순서대로 해야 한다. 물론 이 순서는 라틴어-이탈리아어 사전의 순서이고, 유럽의 각 국가와 출판사마다 약간 다르기도 하다. 가령 사전에서 'amo, -as, -avi, -atum, -are 사랑하다, 좋아하다'라는 동사를 찾고 싶다면 부정사인 amare가 아니라 직설법 현재 단수 1인칭인 amo를 찾아야 한다.

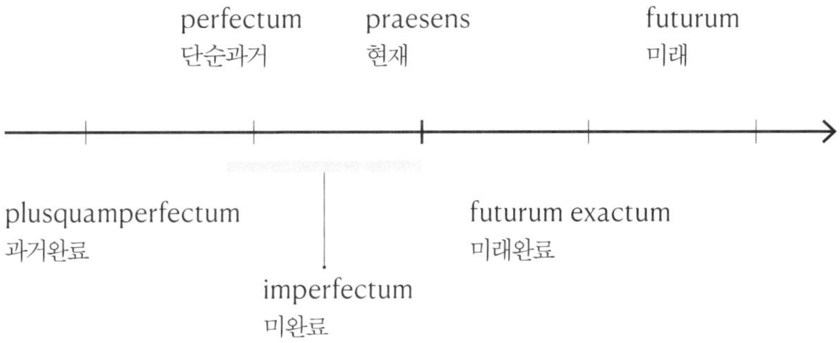

II. 동사의 서법

라틴어 동사는 한정 서법과 미한정 서법(modus)이 있다.

1. 라틴어 서법의 종류

라틴어 동사의 서법에는 총 8가지가 있다. 이에 따라 라틴어 동사의 서법은 크게 한정 서법과 미한정 서법 두 가지로 구분된다.

• 한정 서법

한정 서법이라고 부르는 이유는 주어와의 관계에 한정되기 때문이다. 한정 서법은 단·복수의 인칭에 따라 하나의 어미만을 가진다. 한정 서법에는 직설법, 접속법, 명령법이 있다.

• 미한정 서법

미한정 서법이라고 부르는 이유는 주어와의 관계에 한정되지 않기 때문이다. 미한정 서법의 동사들은 성(性)과 시제(時制)를 갖지만, 인칭어미를 갖지 않고 모든 인칭에 하나의 어미만을 제시한다. 또한 이 서법의 동사들은 명사나 형용사의 어미변화를 갖기 때문에 동사의 명사적 형태라고 말한다. 이러한 미한정 서법에는 부정법, 분사, 동명사, 동형사, 목적분사가 있는데, 명사의 기능을 하는지, 형용사의 기능을 하는지에 따라 크게 두 가지로 구분된다.

- 명사적 동사: 부정법, 동명사, 목적분사
- 형용사적 동사: 분사, 동형사

2. 한정 서법: 직설법, 접속법, 명령법

· 직설법

직설법은 문장의 내용을 현실적, 객관적으로 묘사하는 서법이다. 화자나 글쓴이의 판단이 개입되지 않으며, 행위나 상황, 과정을 표현하거나 묘사할 때 사용된다. 직설법은 '서실법'이라고도 부른다.

· 접속법

접속법은 화자나 글쓴이의 바람, 우연, 가능, 실현 불가능을 담은 행위나 상황, 과정을 표현하거나 묘사할 때 사용된다. 접속법은 '서상법'이라고도 부른다. 라틴어의 접속법은 인도유럽어와 그리스어의 두 가지 다른 접속법(가능, 우연, 의문)과 기원법(바람)의 기능을 하나로 합친 것이다. 접속법 동사 가운데 "sim, velim, faxim(facio의 고대 형태)" 등은 고대 기원법의 흔적이 라틴어에도 남은 것이다.

N.B. 이에 대해서는 《카르페 라틴어 제2권》 "Pars 2, Lectio III. 접속법"을 참조할 것.

◇ 직설법

Aliquis dicit. 누군가 말한다.

◇ 접속법

Aliquis dicat. 누가 말씀하세요! 누군가 말할 수 있습니다. 누가 말할 것입니다.

· 명령법

명령법은 명령이나 금지를 표현하는 서법으로 큰 소리로 외치는 것에 가깝다. 라틴어의 명령법은 단·복수 2인칭 현재만이 사용된다. 명령법 미래도 있지만 이 기능은 접속법에 포함되기도 한다.

✳ 연습문제 13강 - 80P

LECTIO XIV

REQUIEM ÆTERNAM DONA EIS, DOMINE

동사 sum과 능동 명령 / 호격

REQUIEM ÆTERNAM DONA EIS, DOMINE.

주여, 그에게 영원한 안식을 주소서.

함께하는 라틴어 이야기

이번 강에서는 라틴어 동사의 명령법과 호격에 대해 살펴보고자 한다. 우리가 통상 '죽은 자를 위한 미사Missa pro defunctis' '가톨릭 위령미사곡' '진혼곡'이라고 부르는 '레퀴엠Requiem'은 '주여, 그에게 영원한 안식을 주소서Requiem æternam dona eis, Domine'라는 문장에서 첫 단어를 가져와 곡명을 붙인 것인데, 바로 이 문장에서 명령법과 호격을 모두 엿볼 수 있다. (참고로 고대와 중세, 근대에 이르기까지 책 이름, 곡명, 문서명 등은 대부분 시작하는 첫 글자나 두 번째 글자를 따서 짓곤 했기 때문에 제목만 봐서는 그 책의 내용이 무엇을 나타내고자 하는지 잘 모르는 경우가 많다.)

라틴어 문법에는 명령법modus imperativus이 따로 있고 능동 명령과 수동 명령이 따로 있다. 가령 『라틴어 수업』의 초판 24과 제목은 '진리에 복종하라Oboedire Veritati'였는데, 이 문장의 '복종하라Oboedire'는 2인칭 수동 명령이다. (2인칭 능동 명령은 'oboedi', 수동 명령은 'oboedire') 여기에서 능동 명령을 사용하지 않고 수동 명령을 사용하는 것은 진리는 진리 그 자체이기 때문에 고개를 숙이는 것이지, 외부의 힘에 의해 고개를 숙이는 건 진리가 아니기 때문이다. 즉 강압에 못 이겨 순종하는 진리는 이미 진리가 아니라는 의미인데 우리말은 라틴어의 이 미묘한 구분과 차이를 나타내지 못하고 "진리에 복종하라"라는 말로밖에 표현하지 못한다.*

* 한동일, 『라틴어 수업』, 248-250쪽 참조.

I. sum과 네 동사활용의 능동 명령

라틴어 서법에는 명령법(modus imperativus)이 따로 있는데, 명령문이나 금지 명령문은 화자가 명령이나 권고, 부탁 등을 표현할 때 쓴다.

1. sum 동사의 명령법

인칭	현재	미래
단수 2p	es	esto
복수 2p	este	estote
단수 3p	-	esto
복수 3p	-	sunto

esse 동사의 명령형은 우리말로 "~이어라, ~일지어다, ~되어라" 정도로 옮길 수 있다.

E.g.

Iudices, semper iusti estote!

재판관들이여, 늘 공정할지어다!

Salus populi suprema lex esto!

국민의 안녕이 최고의 법률이다(일지어다)! (키케로)

VOCABULA

iūdex, iūdĭcis, m. 재판관, 판사

iustus, -a, -um, adj. 법대로 하는, 공정한, 정의로운

sălūs, sălūtis, f. 건강, 안녕, 안전

pŏpŭlus, -i, m. 백성, 국민

sŭprēmus, -a, -um, adj. 최상의, 최고의

lex, lēgis, f. 법률, 법안

2. 명령법 현재

라틴어 명령법에서 명령문이나 금지 명령문은 화자가 명령이나 권고, 부탁 등을 표현할 때 쓴다. 직접적인 명령에는 동사 변화의 명령법을 쓰는데 아래의 내용을 기억하자.

○ 2인칭 명령에는 주어 '투tu(너)'와 '보스vos(너희)'를 표시하지 않는다. 명령받는 사람을 표시하려면 호격을 사용하고 쉼표를 찍는다.

E.g.

Tu ne quaesieris. (호라티우스) 당신은 청하지 마시오!

○ 3인칭 명령일 경우에만 주어를 표시한다.

E.g.

Discipuli diligentes sunto! 학생들은 부지런해라!

○ 부르는 말이 필요할 때는 호격을 사용하고 쉼표를 찍는다.

○ 명령문 마침에는 감탄사(!)를 쓴다.

3. 능동 명령 & 수동 명령

라틴어의 명령에는 능동 명령과 수동 명령이 있다. 아래 표에 있는 제4활용 동사 'audio'의 경우 단수 2인칭 능동 명령은 'audi(들어라)'이고 수동 명령은 'audire(들을지어다)'이다. 물론 '아우디'라는 말은 우리에게 자동차 상표로 더 익숙하다.

E.g.

amo 사랑하다

2인칭	제1활용		제2활용		제3활용		제4활용	
	능동	수동	능동	수동	능동	수동	능동	수동
단수	am-**a**	am-**are**	mov-**e**	mov-**ere**	leg-**e**	leg-**ere**	aud-**i**	aud-**ire**
복수	am-**ate**	am-**amini**	mov-**ete**	mov-**emini**	leg-**ite**	leg-**imini**	aud-**ite**	aud-**imini**

4. 능동태 현재 명령법을 만드는 방법

앞의 표에서 제1활용 예로 쓰인 'amo(직설법 현재 단수 1인칭)'의 동사원형은 'amare'이다. 능동태 현재 명령은 이 동사원형 amare에서 어미 -re를 떼면 단수 2인칭 명령(ama)이 되고, 연결 모음(-a, -e, -i | 이 경우에는 연결 모음은 -a) 뒤에 -te를 붙이면 복수 2인칭 명령이 된다.

II. 호격

라틴어 문법의 vocativus casus라는 표현은 그리스어 κλητική Πτωσις (kletikè ptòsis)를 옮긴 것이다. 호격이란 글자 그대로 '부르는 말에 대한 격'으로 직접 불린 사람을 나타낸다. 호격은 문법적으로 독립된 특징 때문에 처음에는 라틴어 명사의 '격(casus) 체계'에 포함되지 않다가 나중에 삽입되었다.

○ 호격은 앞에 감탄사가 생략되거나, 감정적 어조나 특별한 강조를 위해 부르거나 외치는 격이다. 따라서 호격은 다른 단어와의 연관성을 갖지 않고, 구문론적 체계에도 영향을 주지 않는다.

E.g.

Puella, amicam ama! 소녀여, (여자) 친구를 사랑하여라!

Puellae, amicas amate! 소녀들이여, (여자) 친구들을 사랑하여라!

✳ 연습문제 14강 - 95P

LECTIO XV

MIHI MANEBAT SOLATĬUM

동사의 미완료시제

/ sum 동사의 직설법 미완료

MIHI MANEBAT SOLATĬUM.

내게는 위로가 남아 있었다.

함께하는 라틴어 이야기

인간은 누군가로부터 이야기를 전해 듣고 전해 들은 이야기 가운데 전달할 만한 내용을 뽑아 또다시 누군가에게, 세대에서 세대로 전달한다. 이러한 태도는 미완료의 시제로 계속해서 남을 텐데 이러한 인간의 대표적 작품이 오늘날 우리에게 전달되는 신구약 성경이다.

누군가로부터 이야기를 듣고 거기에서 가려 뽑은 내용을 누군가에게 전달하는 행위에서 '강의, 강연'이라는 영어 단어 *lecture*가 나오게 된다.

'*lecture* 강의, 강연'은 lĕgo 동사의 미래분사 lecturus에서 파생한 명사다. 이 말의 유래는 라틴어 동사 lĕgo를 의미하는 '읽다, 낭독하다'에서 왔는데, 이 동사의 원 의미는 '들판에 핀 꽃이나 잡초를 뽑거나 책의 본문 가운데 단어를 추려내는 것'을 의미하는 단어였다.

여기에서 '뽑다, 선택하다'라는 뜻이 정착되고, 책을 읽고 가르치는 것을 의미하는 동사가 되었다. 이러한 이유로 lĕgo의 파생 동사는 '고르다, 선택하다'라는 의미를 내포하고, 이 동사에서 '뽑다, 선택하다'라는 의미의 동사 eligo가 파생하게 된다. 그리고 이 동사의 과거분사인 electus에서 영어의 '*elect* 선출하다'라는 단어가, 그리고 뽑힌 것은 우아하고 고상하다고 여겨 '우아한, 고상한'을 의미하는 라틴어 형용사 elegans도 여기에서 파생한다.

그렇다면 뽑힌 것이 아름답고 고상하다는 생각은 어디에서 기인하는 것일까? 현생 인류는 엄청난 먹을거리의 풍요 속에 건강한 먹거리, 자신이 소화할 수 있는 먹거리는 부족한 풍요 속의 빈곤을 겪고 있다. 이를 세대 간의 불평등이라고 하지만, 각 세대는 사막을 지나 교역을 했던 대상들처럼 자신이 마실 수 있는 얼마 안되는 물로 인해 목마름과 갈증을 겪고 있는지도 모른다. 마치 온 동네가 물에 잠길 정도로 물난리가 났어도 오히려 마실 수 있는 깨끗한 물이 없는 빈곤과도 같다.

I. 동사의 미완료시제

'불완전한, 미완성의'라는 뜻을 지닌 '미완료시제(tempus imperfectum)'는 이름 그대로 아직 완결되지 않은 행위, 즉 과거의 진행 중인 동작, 반복적이거나 습관적인 행위, 막 시작된 동작 등을 나타낸다.

○ 라틴어 미완료(반과거) 시제는 영어의 '*I was doing*', '*I used to*', '*I tried to*' 정도로 이해할 수 있으며, 우리말로는 문맥에 따라 '~하고 있었다', '~하곤 했다'로 옮길 수 있다.

○ 미완료 어미변화는 동사의 어근에 '연결 모음'을 붙이고 어미 "-bam, -bas, -bat, -bamus, -batis, -bant"를 붙인다.

<table>
<tr><th>구분</th><th>어근</th><th>연결 모음</th><th colspan="2">어미</th></tr>
<tr><td>1활용</td><td>LAUD</td><td>A</td><td rowspan="4">bam
bas
bat</td><td rowspan="4">bamus
batis
bant</td></tr>
<tr><td>2활용</td><td>MON</td><td>E</td></tr>
<tr><td>3활용</td><td>LEG</td><td>E</td></tr>
<tr><td>4활용</td><td>AUD</td><td>IE</td></tr>
</table>

1. 제1-4활용 동사의 미완료

• 제1활용 동사

인칭 ＼ 수	단수	복수
1인칭	laud-a-bam	laud-a-bamus
2인칭	laud-a-bas	laud-a-batis
3인칭	laud-a-bat	laud-a-bant

• 제2활용 동사

인칭 ＼ 수	단수	복수
1인칭	mon-e-bam	mon-e-bamus
2인칭	mon-e-bas	mon-e-batis
3인칭	mon-e-bat	mon-e-bant

• 제3활용 동사

인칭 ＼ 수	단수	복수
1인칭	leg-e-bam	leg-e-bamus
2인칭	leg-e-bas	leg-e-batis
3인칭	leg-e-bat	leg-e-bant

- **제4활용 동사**

인칭 ╲ 수	단수	복수
1인칭	audi-e-bam	audi-e-bamus
2인칭	audi-e-bas	audi-e-batis
3인칭	audi-e-bat	audi-e-bant

2. 대표 동사

- **제1-2활용 동사**

ambŭlo, as, āvi, ātum, -āre, ❶ intr. et tr. 산책하다

dēlecto, as, āvi, ātum, -āre, ❶ tr. 즐겁게 하다, 매혹(매료)하다

dēlĕo, es, ēvi, ētum, -ēre ❷ tr. 파괴하다, 지우다

erro, as, āvi, ātum, -āre, ❶ intr. et (시어에서) tr. 헤매다, 실수하다

exspecto, as, āvi, ātum, -āre, ❶ tr. 기다리다, 기대하다

N.B. 영어 *expect*는 라틴어 exspecto에서 유래한다. 라틴어 철자 exs-가 후대에 ex-로 바뀐다.

mănĕo, es, mansi, mansum, -ēre, ❷ intr. 머무르다; tr. 기다리다

nuntĭo, as, āvi, ātum, -āre, ❶ tr. 알리다, 통고하다, 보고하다

pārĕo, es, pārŭi, pārĭtum, -ēre, ❷ intr. 나타나다, 보이다; (~ dat.) 복종하다, 종속되다

praebĕo, es, bŭi, bĭtum, -ēre, ❷ tr. (~ dat.) 공급하다; (태도, 자세) 드러내다, 취하다

rīdĕo, es, rīsi, rīsum, -ēre, ❷ intr. et tr. 웃다
sano, as, āvi, ātum, -āre, ❶ tr. (상처, 병) 낫게 하다
suādĕo, es, suāsi, suāsum, -ēre, ❷ intr. (~ dat.) 충고하다, tr. 권고하다
vīto, as, āvi, ātum, -āre, ❶ tr. 피하다

• **제3-4활용 동사**

ăgo, agis, ēgi, actum, ăgĕre, ❸ tr. 행하다; (주제를) 다루다, 시간을 보내다, 몇 살이다, 변론하다
claudo, claudis, clausi, clausum, claudĕre ❸ tr. 닫다
cognosco, cognoscis, cognōvi, cognĭtum, cognoscĕre, ❸ tr. 알다, 인식하다
cŏlo, colis, cŏlŭi, cultum, colĕre, ❸ tr. (밭을) 경작하다, 재배하다, 공경하다, (덕을) 닦다
contemno, is, contempsi, contemptum, contemnĕre, ❸ tr. 멸시하다
dēfendo, defendis, defendi, defensum, dēfendĕre, ❸ tr. 방어하다
dīco, dicis, dixi, dictum, dīcĕre, ❸ tr. 말하다
dīlĭgo, dīlĭgis, dilexi, lectum, diligĕre, ❸ tr. 사랑하다, 아끼다
disco, discis, dĭdĭci, discĕre, ❸ tr. 배우다
dīvĭdo, dīvĭdis, dīvīsi, dīvīsum, dīvĭdĕre, ❸ tr. 나누다
mitto, is, mīsi, missum, mittĕre, ❸ tr. 보내다; 생략하다; 해임하다
vinco, vincis, vīci, victum, vincĕre, ❸ tr. 승리하다, 이기다
vīvo, vīvis, vixi, victum, vivĕre, ❸ tr. 살다
ăpĕrĭo, ăpĕrĭs, apĕrŭi, apertum, ăperīre, ❹ tr. 열다
audĭo, audis, audīvi, audītum, audīre, ❹ tr. 듣다
custōdĭo, custōdis, custodīvi, custodītum, custodīre, ❹ tr. 지키다, 수호하다

dormĭo, dormis, dormīvi, dormītum, dormīre, ④ intr. 자다

ērŭdĭo, ērŭdĭs, erudīvi, eruditum, erudīre, ④ tr. 교육하다

fīnĭo, finis, finīvi, finītum, finīre, ④ tr. et intr. 끝마치다, 끝내다

nūtrĭo, nutris, nutrīvi, nutrītum, nutrīre, ④ tr. 기르다, 양육하다

ŏboedĭo(ŏbēdĭo), oboedis, oboedīvi, oboedītum, oboedīre, ④ intr. 순종하다

pūnĭo, punis, punīvi, punītum, punīre, ④ tr. 벌하다

scĭo, scis, scīvi, scītum, scīre, ④ tr. 알다

nescĭo, nescis, nescīvi, nescītum, nescīre, ④ tr. 모르다

servĭo, servis, servīvi, servītum, servīre, ④ intr. 봉사하다, 섬기다

vĕnĭo, venis, vēni, ventum, venīre, ④ intr. 오다, 일어나다, 생기다

II. sum 동사의 직설법 미완료

자주 사용하는 동사인 sum 동사의 직설법 미완료 형태를 알아보자.

인칭	단수	복수
1인칭	eram 나는 ~이었다	eramus 우리는 ~이었다
2인칭	eras 너는 ~이었다	eratis 너희는 ~이었다
3인칭	erat 그는 ~이었다	erant 그들은 ~이었다

✳ 연습문제 15강 - 98P

LECTIO XVI

NUNC FUTURUM TEMPUS SPECTARE DEBEMUS

동사의 미래시제
/ 전치사 in, ad, a/ab, e/ex, de, per
/ 장소 보어의 특수 용례

NUNC FUTURUM TEMPUS SPECTARE DEBEMUS.

이제 우리는 미래를 바라보아야 합니다.

함께하는 라틴어 이야기

몇 년 전부터 강연 방송이 유행하면서 여러 유익한 강연 프로를 다양한 매체를 통해 접할 수 있게 되었다. 그런데 그 방송들을 보면 인사이트도 있고 영감을 주는 프로그램도 있지만, 때로는 방송 특성상 흥미유발 위주로 편성될 수밖에 없는 현실적인 제약도 느낀다. 마치 90년대 유행했던 여행 스타일 같다. 당시는 해외여행 자유화가 시행되자 여행객들은 '언제 또 외국에 다시 나가겠냐'는 마음으로 짧은 기간에 유럽의 여러 나라를 찍으면서 여행했던 시절이었다. 일명 하루에 한 도시를 '찍고 턴'하는 여행이었다. 그런데 그런 방식으로는 방문하는 도시와 그 사회를 제대로 이해하기는 힘들다. 그것은 역사와 미래, 시간을 대하는 태도 역시 마찬가지이다. 현재 우리 사회에 일고 있는 역사와 사회, 시간에 대한 태도는 과거의 '찍고 턴'하는 여행 방식처럼 느껴질 때가 많다. 물론 이것이 나쁘다고만 할 수는 없다. 그 단계가 있었기에 오늘날 여행지에서 '한 달 살기', '머물기'가 가능해진 계기가 되었기 때문이다. 동시에 이제 우리에게 요구되는 현실은 변화된 여행 방식처럼 어느 한 곳에 오래 머물면서 더 심도 깊은 생각과 성찰을 해야 한다는 것이다. 그렇기 때문에 우리는 이제 미래를 바라보아야 한다. 우리는 어떤 가치를 이루고자 하는가? 어떤 사회를 꿈꾸는가? 어떤 미래 세대이기를 바라는가? 이와 같이 내일을 깊이 바라볼 때 어제와 오늘을 바라보는 시각이, 태도가 달라질 것이다. 이제야 말로 '과거를 바로잡고, 현재를 다스리고, 미래를 판단해야 하는Corrige præteritum, rege præsens, cerne futurum' 시기이지 않을까?

I. 동사의 미래시제

라틴어의 미래시제는 계속적 또는 일시적 상태를 위한 시제이다. 미래시제는 현재나 과거의 상태에서 앞으로 계속될 것이거나, 발생할 행위를 나타낸다. 영어의 *shall*이나 *will* 정도로 이해하면 되고, 우리말로는 "~할 것이다"로 옮길 수 있다.

1. sum 동사의 미래시제

인칭 \ 수	단수	복수
1인칭	ero 나는 ~일 것이다	erimus 우리는 ~일 것이다
2인칭	eris 너는 ~일 것이다	eritis 너희는 ~일 것이다
3인칭	erit 그는 ~일 것이다	erunt 그들은 ~일 것이다

E.g.

Quia ibi erit perfecta justitĭa, ubi perfecta pax.

완전한 평화가 있는 곳에 또한 완전한 정의가 있을 것이다.

Quot annos erimus in Europa?

우리는 몇 해나 유럽에 있을까?

2. 제1·2 활용 동사의 직설법(능동태) 미래

○ 제1·2 활용 동사의 직설법 미래는 동사 어근에 '연결 모음'을 붙이고 어미 "-bo, -bis, -bit, -bimus, -bitis, -bunt"를 붙이면 된다.

○ 미래시제의 1인칭 단수가 -bo로, 3인칭 복수가 -bu로 모음이 변화되는 것을 제외하곤 모두 -bi로 어미변화를 한다.

구분	어근	연결 모음	어미	
1활용	LAUD	A	bo bis bit	bimus bitis bunt
2활용	MON	E		

구분		미래	
단수	1인칭	lauda-bo 나는 칭찬할 것이다	mone-bo 나는 권고할 것이다
	2인칭	lauda-bis 너는 칭찬할 것이다	mone-bis 너는 권고할 것이다
	3인칭	lauda-bit 그는 칭찬할 것이다	mone-bit 그는 권고할 것이다

복수	1인칭	lauda-bimus 우리는 칭찬할 것이다	mone-bimus 우리는 권고할 것이다
	2인칭	lauda-bitis 너희는 칭찬할 것이다	mone-bitis 너희는 권고할 것이다
	3인칭	lauda-bunt 그들은 칭찬할 것이다	mone-bunt 그들은 권고할 것이다

E.g.

Quis non eam, nisi imperitus aut invidus, congrua prædicatione laudabit?

무지하거나 시기하는 자가 아니라면 누가 그것을 예찬의 말로써 칭송하지 않겠습니까?

3. 제3·4 활용 동사의 직설법(능동태) 미래

구분		미래	
단수	1인칭	leg-am 나는 읽을 것이다	aud-iam 나는 들을 것이다
	2인칭	leg-es 너는 읽을 것이다	aud-ies 너는 들을 것이다
	3인칭	leg-et 그는 읽을 것이다	aud-iet 그는 들을 것이다

	1인칭	leg-emus 우리는 읽을 것이다	aud-iemus 우리는 들을 것이다
복수	2인칭	leg-etis 너희는 읽을 것이다	aud-ietis 너희는 들을 것이다
	3인칭	leg-ent 그들은 읽을 것이다	aud-ient 우리는 들을 것이다

E.g.

Cras, inquit, audies eum. 내일 그의 말을 들어 보십시오.

II. 전치사 in, ad, a/ab, e/ex, de, per

전치사는 이름 그대로 '앞에 놓다'라는 뜻이고, 명사 앞에 놓여 그 단어가 문장에서 차지하는 역할, 즉 동사나 다른 품사와의 관계를 표시한다. 전치사의 원래 품사는 부사였는데, 후에 개별 품사로서 분류되어 동사의 시공간적 상황을 정확히 나타내는 역할을 하게 되었다. 라틴어의 전치사는 전치사 다음에 오는 명사에 대해 대격이나 탈격을 요구하거나, 대격과 탈격 모두를 요구하기도 한다. 전치사가 명사의 대격과 탈격 모두를 요구할 경우, 대격일 때와 탈격일 때의 의미가 달라지므로 전치사의 격에 따른 용법을 주의해서 학습하여야 한다.

1. in, ad

1) in

❶ in + 대격(진입): 시간과 공간 안에서 움직임의 방향을 강조

In villam venio. 나는 농막에 간다.

In angulum venio. 나는 교실에 간다.

❷ in + 탈격: 시간과 공간 안에서 행위가 전개되는 장소를 강조

In villis habitatis. 너희는 농막들에서 산다.

In angulo disputamus 우리는 교실에서 토의한다.

2) ad

- **ad + 대격 (가까이 접근)**

Ad Romam accedo. 나는 로마에 접근한다.

Ad scholam venio. 나는 학교에 간다.

2. a/ab, e/ex, de

1) a, ab (모음 앞) + 탈격: 어디에서부터, 어디에서

성문(도시, 공간)에서 멀어져 가는 것을 가리킬 때

Ab Corea venio. 나는 한국에서 온다.

Venio ab angulo. 나는 교실에서 나온다.

2) e, ex (모음 앞) + 탈격: 어디에서부터, 어디에서

성문(도시, 공간)에서 나가는 것을 가리킬 때

E schola discedunt. 그들이 학교에서 나온다.

Ex angulo egredior. 나는 교실에서 나간다.

3) de 전치사

- **de + 탈격: 어디에서**

위아래 이동을 가리킬 때

De sella exsilit. 그는 의자에서 일어선다.

De montibus descendunt. 그들은 산에서 내려온다.

• **de + 탈격: ~에 대하여**

Patres de pacis condicionibus disserunt.
원로원 의원들은 평화의 조건들에 대하여 토론한다.

VOCABULA

patres, -um, m. pl. 원로원 의원, 귀족 계급
dissĕro, is, sĕrŭi, sertum, -ĕre, ❸ tr. 토론하다

3. 명사의 탈격과 per 전치사

공간을 경유하거나 거쳐서 이동하는 경우 전치사 'per + 대격'으로 표현한다. 단 '항구, 길, 창문, 다리' 등의 명사는 탈격으로 표현한다.

Per silvas venimus. 우리는 숲을 거쳐서 온다.
Porta Capena discedit. 나는 카페나 항구에서 나간다.
Via Sacra pervenis. 너는 사크라로(路)로 도착한다.

N.B. urbs 도시, insula 섬, mons 산, flumen 강, provincia 속주 등과 같은 지리적 명사는 절대 속격을 수반하지 않고, 동격 고유명사가 뒤따른다. 이를 규정 속격이라고 한다.

Urbs Roma 로마 시
insula Sicilia 시칠리아 섬

VOCABULA

vĕnĭo, is, vēni, ventum, -īre, ④ intr. 가다, 오다

discēdo, is, cessi, cessum, -ĕre, ③ intr. 헤어지다, 나가다, 떠나다

ēgrĕdĭor, ĕris, gressus sum, grĕdi, ③ dep. intr. et tr. 나가다

sella, -ae, f. 걸상, 의자

exsĭlĭo, is, ĭlŭi et ĭlĭi, -īre, ④ intr. 일어서다

mons, montis, m. 산

descendo, is, scendi, scensum, -ĕre, ③ intr. 내려오다

porta, -ae, f. 항구

pervĕnĭo, is, vēni, ventum, -īre, ④ intr. 도착하다, 도달하다

III. 장소 보어의 특수 용례

1) 장소에 있는 상태

○ 제1, 2변화로 어미변화를 하는 명사 가운데 단수로 도시 이름과 작은 섬 이름을 나타내는 경우 그 장소에 있는 상태는 속격으로 표현한다. 이를 처소 속격이라고 한다.

Romae vivo. 나는 로마에 산다.

Mediolani manemus. 우리는 밀라노에 머무른다.

○ 제1, 2, 3변화 어미변화를 하는 명사 가운데 복수로 도시 이름과 작은 섬 이름을 나타내는 경우 어느 장소에 있는 상태는 탈격으로 표현한다.

Athenis habitant. 그들은 아테네에서 산다.

VOCABULA

Mĕdĭŏlānum, -i, n. 밀라노
mănĕo, es, mansi, mansum, -ēre, ❷ intr. et tr. 머무르다
hăbĭto, as, āvi, ātum, -āre, ❶ tr. et intr. 살다, 거주하다

2) 장소로 이동하는 상태

도시나 작은 섬 등의 고유명사는 그 장소로 이동하는 경우 대격으로 표현한다.

Romam venio. 나는 로마로 간다.

✳ 연습문제 16강 - 101P

LECTIO XVII

VENI, VIDI, VICI

능동태 동사의 완료시제
/ 과거 어근

VENI, VIDI, VICI.

왔노라, 보았노라, 이겼노라.

함께하는 라틴어 이야기

교황들의 비문을 해석해 내려가다 이들은 과연 행복하게 살다가 갔을까 하는 생각이 들었다. 아마도 그들 가운데 처음 교황으로 선출됐을 때, 잠시나마 '왔노라, 보았노라, 이겼노라' 하는 승리의 도취감에 빠진 분도 분명 있었을 것이다. 그런데 하루에도 계속 머리가 지끈지끈 아픈 문제들이 계속 보고되고, 밥 먹다 체하는 것을 넘어 식욕 자체를 없어지게 하는 일들이 계속 벌어진다면 어땠을까? 교황들의 비문을 해석하며 그 시대에 있었던 일들을 떠올리며 그들이 도덕적으로나 종교적으로 잘 살았든 못 살았든 간에, 또 그들이 자의로 교황이 되려고 했거나 타의에 의해서 교황이 되었든 간에, 교황으로서 훌륭하게 직무를 마치고 갔든 못 마치고 갔든 간에 그들 삶 자체가 상당히 고단했겠다는 생각이 든다. 그러면서 다시금 묻게 된다. "행복이란 무엇일까?" 하고.

하루를 살면서 이것만 이루어진다면 행복할 텐데, 하는 생각이 들 때가 있다. 그러나 그것이 이루어지고 나면 행복할까? 현실은 그러한 바람이 이뤄지고 난 뒤에도 또 다른 바람과 고통이 따른다. 인간은 계속해서 무언가를 바라고 그것이 이루어지기를 안달하는 존재로 살아가고, 그렇게 안달하는 일이 성취되면 행복해질 수 있으리라는 착각 속에 살아가는 것은 아닐까 하는 생각이 든다. 하지만 그러한 과정 속에서 인간은 행복하지도 행복해지지도 않는다. 그래서 세상의 수많은 행복과 관련한 책들은 행복해지기 위해 의미를 발견하라거나 현재의 상태에 만족하라거나 긍정적으로 생각하라고 말한다. 그 같은 이야기에 그렇다면 나는 어느 한순간도 만족하지 않으려고 했고, 또 긍정적으로 생각하지 않으려고 했던가 하고 반문해본다. 인간인 나는 "왔노라, 보았노라, 이겼노라"의 쾌감을 향해 질주하려고 했으나 반복된 실패의 경험이 나 자신을 만족하지 못하게 했고 또 긍정적으로 생각하지 못하게 했던 경우가 더 많았다. 그럼에도 우리는 행복하기 위해 만족해야 하고 긍정적으로 생각해야 한다고 말한다. 이쯤에서 근본적인 질문을 던지게 된다. 도대체 왜 그래야 할까? 꼭 행복해야 할 필요가 있을까? 행복이라는 것을 꼭 추구해야 할까? 어쩌면 행복은 '왔노라, 보았노라, 이겼노라'에 있지 않고 오는 길, 보는 순간 거기에 잠시 스쳐가는 것인지도 모르는 일이다.

인도유럽어와 그리스어는 동사의 시제를 구분할 때 행위의 지속을 나타내는 현재 어간, 행위의 일시성을 나타내는 부정과거 어간, 행위가 완료되어 현재에 영향을 미치는 과거 어간으로 구분했다. 가령 그리스어의 '죽다'를 의미하는 동사는 현재 θνήσκειν(죽어 가고 있다), 부정과거 θανείν(죽음이라는 사건이 발생하였다), 단순과거 τεθνάναι(죽고 없다, 죽어서 시체가 되었다)라고 구분했다. 그러나 라틴어는 인도유럽어의 세 가지 시제 구분을 미완료와 완료라는 두 가지로 축소하여, 인도유럽어의 부정과거 어간은 라틴어의 완료 어간에 포함했고, 이 같은 이유에서 라틴어 동사의 기본형을 표시할 때는 "현재 1인칭, 현재 2인칭, 단순과거(전과거), 목적분사, 동사원형"의 순으로 표시했다. 결국 라틴어 동사의 기본형은 어떠한 형태로 동사의 어미변화를 해야 하는지를 암시하는 실마리와 같은 기능을 한다.

기본형	현재 1인칭	현재 2인칭	단순과거(전과거)	목적분사	동사원형
제1활용	laudo	laudas	laudavi	laudatum	laud-are
제2활용	moneo	mones	monui	monitum	mon-ere
제3활용	lego	legis	legi	lectum	leg-ere
제4활용	audio	audis	audivi	auditum	aud-ire

라틴어 동사는 어근 부분과 어미 부분으로 구성되어 있다. 동사의 기본형은 동사의 현재 어근과 과거 어근이 무엇인지를 보여주고, 그에 따라 어떻게 어

미변화를 기계적으로 해야 하는지를 알려 준다. 현재 어근은 현재, 미완료(반과거), 미래시제를 포함한다. 이는 현재라는 기준에서 바라본 시간이기 때문이다. 반면, 과거 어근은 단순과거, 과거완료, 미래완료시제를 포함한다.

II. 과거 어근

우리에게 너무나 잘 알려진 "왔노라! 보았노라! 이겼노라!"라는 로마의 역사가 수에토니우스Svetonius가 전하는 캐사르Caesar의 유명한 이 승전보는 단 몇 마디로 라틴어 시제의 진수를 보여준다. 제목에 쓰인 라틴 원어 "Veni, Vidi, Vici!"라는 이 문장의 동사 시제를 분석하면, veni는 제4활용 동사 venio의 단순과거, vidi는 제2활용 동사 video의 단순과거, vici는 제3활용 동사 vinco의 단순과거다. 그럼 좀 더 쉬운 이해를 위해 이들 동사의 기본형을 나열해보자.

věnǐo, venis, vēni, ventum, venīre, ❹ intr. 오다
vǐděo, vides, vīdi, vīsum, vidēre, ❷ tr. 보다
vinco, vincis, vīci, victum, vincěre, ❸ tr. 승리하다

여기에서 veni, vidi, vici는 모두 동사의 단순과거 1인칭으로 캐사르의 정벌 작전이 완료되었음을 나타낼 뿐 아니라, 문법적으로 라틴어 동사의 완료형

과거 어근의 모습을 보여준다. 라틴어 동사의 기본형에 제시되는 단순과거 1인칭은 과거 어근으로, 여기에 sum 동사의 어떠한 시제를 어미처럼 붙이느냐에 따라 단순과거, 과거완료, 미래완료가 되는 것이다.

1. 직설법 능동 단순과거

라틴어 직설법 능동 단순과거는 '과거 어근 + sum 동사의 단순과거 어미'로 이루어지며, 우리말로 '~했다, 하였다'라고 옮긴다. 완료시제는 미완료시제와는 달리 어떤 동작이 다 끝나버린 한 번의 사건, 이미 완결되었지만 현재에도 영향을 미치는 일을 나타낼 때 사용하는 시제이다. 다음 두 문장을 보면 완료와 미완료 문장의 차이를 이해할 수 있을 것이다.

E.g.
단순과거와 미완료시제 비교

- **단순과거**

Magister discipulum monuit. [*The teacher warned* (*his*) *student* (*once*).]
선생님은 학생을 충고했다.

- **미완료**

Magister discipulum monebat. (*The teacher was warning / kept warning / used to warn his student.*)
선생님은 학생을 충고하고 있었다 / 충고하곤 했다.

활용	과거 어근	어미	sum 단순과거	뜻
제1활용	LAUDAV	-I	fu-i	*I praised, have praised, etc.*
제2활용	MONU	-ISTI -IT	fu-isti fu-it	*I advised, have advised, etc.*
제3활용	LEG	-IMUS -ISTIS	fu-imus fu-istis	*I read, I have read, etc.*
제4활용	AUDIV	-ERUNT	fu-erunt	*I heard, I have heard, etc.*

2. 직설법 능동 과거완료

라틴어 직설법 능동 과거완료는 '과거 어근 + sum 동사의 미완료(반과거)'로 이루어지며, 우리말로 "~했었다"라고 옮긴다. 과거완료란 라틴어로 'plus quam perfectum(*more than complete*)'으로 완료 이전의 시간을 가리킨다.

활용	과거 어근	어미	sum 미완료	뜻
제1활용	LAUDAV	-ERAM	eram	*I had praised, etc.*
제2활용	MONU	-ERAS -ERAT	eras erat	*I had advised, etc.*
제3활용	LEG	-ERAMUS -ERATIS	eramus eratis	*I had read, etc.*
제4활용	AUDIV	-ERANT	erant	*I had heard, etc.*

3. 직설법 능동 미래완료

라틴어 직설법 능동 미래완료는 '과거 어간 + sum 동사의 미래'로 이루어지며, 우리말로 "~했을 것이다, 하였겠다"라고 옮긴다. 주의할 점은 복수 3인칭에서 -erunt가 아니라 -erint가 어미로 붙는다는 것이다. 라틴어의 미래완료 시제는 일반적으로 영어의 용법과 크게 다르지 않으며, 일반적으로 이미 완결된 동작의 영향에 초점을 맞춘다.

활용	과거 어간	어미	sum 미완료	뜻
제1활용	LAUDAV	-ERO	ero	*I shall have praised, etc.*
제2활용	MONU	-ERIS -ERIT	eris erit	*I shall have advised, etc.*
제3활용	LEG	-ERIMUS -ERITIS	erimus eritis	*I shall have read, etc.*
제4활용	AUDIV	-ERINT	erunt	*I shall have heard, etc.*

✳ 연습문제 17강 - 111P

LECTIO XVIII

EGO SUM OPERARIUS STUDENS

1, 2인칭 대명사
/ 3인칭 대명사(= 지시대명사) & 인칭 재귀대명사
/ 지시대명사 / 격에 따른 전치사 종류

EGO SUM OPERARIUS STUDENS.

나는 공부하는 노동자입니다.

함께하는 라틴어 이야기

이 강에서 든 예문인 "에고 숨 오페라리우스 스투덴스Ego sum operarius studens"라는 말은 "나는 공부하는 노동자입니다"라는 뜻이다. 라틴어 동사는 인칭을 내포하고 있기 때문에 1인칭과 2인칭 주어는 생략하지만 이 문장에서는 '나'라는 1인칭 주어로 '에고ego'가 등장한다. 라틴어에서는 '나'라는 존재를 강조할 때 1인칭 주어로 '에고'를 쓴다.

그런데 '공부하는 노동자'라니? 다들 이 말에 경악을 금치 못할지도 모르겠다. 공부하면서 맞닥뜨리는 슬럼프나 실패의 경험은 우리를 쉽게 좌절시키고, 대부분의 사람들이 공부에 대해 시작부터 완벽하게 하려는 경향이 있으며, 항상 '열심히' 해야 한다는 강박에 사로 잡혀 있다. 이 부담감 또한 우리를 쉽게 지치게 만든다. 그러나 겸손해야 공부도 잘할 수 있다. 이때 겸손이란 자신이 할 수 있는 것과 할 수 없는 것을 정확히 아는 것이다.

우리는 어떤 실패의 경험에 대해 지나치게 좌절하고 비관하기 쉽다. 이것은 '실패한 나'가 '나'의 전부라고 여기기 때문이다. 그러나 이건 자기 자신을 잘못 알고 있는 것이다. 일종의 자만이라고도 할 수 있다. 한 번의 실패는 나의 수많은 부분들 중 하나일 뿐, 그것 때문에 쉽게 좌절하는 것은 자기 자신에 대해 잘못 이해한 것이다. 우리는 실패했을 때 또 다른 '나'의 여집합들의 가능성을 볼 수 있어야 한다. 그리고 그 여집합들이 잘 해낼 수 있도록 격려해야 한다. 이렇게 자신을 사랑하고 다른 가능성들을 생각하고 나아가는 것이 겸손한 자세가 아닐까? *

* 한동일, 『라틴어 수업』, 82-83쪽 인용.

I. 1·2인칭 대명사

라틴어의 인칭대명사(ego, tu, etc.)는 화자의 관점에서 특정한 사람을 가리키기 위해 명사를 대신하여 사용하는 말이다. 따라서 인칭대명사는 문법상 명사이며, 성(性)에 따른 구분을 하지 않고 여성과 남성 모두 같은 형태를 사용한다. 1인칭 대명사는 화자 자신을 가리키고, 2인칭 대명사는 화자의 상대방을 가리킨다. 마지막으로 3인칭 대명사는 화자도 청자도 아닌 대상을 가리킨다.

○ 라틴어는 문장에 쓰인 동사의 어미로 주어의 인칭을 알 수 있기 때문에, 라틴어 문장에서 주격 인칭대명사는 대부분 생략한다. 로마인들은 주어를 강조하고 싶을 경우, "나는 공부하는 노동자이다", "우리가 인간이라는 것을 기억하자"처럼 뜻을 명확히 하거나 주체의 의지를 강조하기 위한 경우에만 인칭대명사를 사용하였다.

E.g.

Num custos fratris mei sum ego?

제가 아우를 지키는 사람입니까?

Ego cogitans.

생각하는 나

인칭	1인칭		2인칭	
격 ＼ 수	단수	복수	단수	복수
nom.	ego 나는/내가	nos 우리는/가	tu 너는/네가	vos 너희는/가
gen.	mei (목적 속격) 나를, 나에 대한/대해서	nostri (목적 속격) 우리를, 우리에 대한/대해서 nostrum (분할 속격) 우리 중의/가운데	tui 너를, 너에 대한	vestri (목적 속격) 너희를, 너희에 대한/대해서 vestrum (분할 속격) 너희 중의, 가운데
dat.	mihi 나에게, 나를 위해	nobis 우리에게, 우리를 위해	tibi 너에게, 너를 위해	vobis 너희에게, 너희를 위해
acc.	me 나를	nos 우리를	te 너를	vos 너희를
abl.	me *(by/with/from me; myself)*	nobis *(by/with/from us; ourselves)*	te *(by/with/from you)*	vobis *(by/with/from you)*
	전치사(e.g. cum)와 함께 사용			

○ '~와 함께'라는 의미의 전치사 cum은 명사의 탈격(abl.) 앞에 위치하지만, 예외적으로 인칭대명사 탈격 뒤에 붙는다.

mecum 나와 함께

tecum 너와 함께

secum 자기와 함께

nobiscum 우리와 함께

vobiscum 너희와(여러분과) 함께
secum 자기들과 함께(문맥에 따라 단·복수 구분)

E.g.
Ego me laudo. 나는 나를 칭찬한다.
Ego te laudo. 나는 너를 칭찬한다.

II. is, ea, id, pron. 그, 그 사람, 그것

라틴어 지시대명사 is, ea, id는 지시대명사뿐 아니라, 3인칭 대명사로도 사용되기에 매우 중요하다. 형태면에서 is, ea, id 대명사는 단수 속격과 여격을 제외하고 형용사 제1형의 어미변화를 따른다. 또한 복수 주격에서는 ei보다는 ii 형태를 더 많이 사용하며, 복수 여격과 탈격은 iis보다 eis 형태를 더 자주 사용한다.

1. 3인칭 대명사 is, ea, id

라틴어에서 3인칭 대명사 '그, 그녀, 그것'을 직접적으로 가리키는 단어는 없고, 이를 지시대명사 is, ea, id를 사용하여 표현한다.

수	단수			복수		
격 \ 성	m.	f.	n.	m.	f.	n.
nom.	is	ea	id	ei(ii)	eae	ea
gen.	eius	eius	eius	eorum	earum	eorum
dat.	ei	ei	ei	eis(iis)	eis(iis)	eis(iis)
acc.	eum	eam	id	eos	eas	ea
abl.	eo	ea	eo	eis(iis)	eis(iis)	eis(iis)

2. 3인칭 재귀대명사

3인칭 재귀대명사 suus, sua, suum은 문장에서 3인칭 주어와 같은 대상을 지칭할 때 사용하고, 주어와 다른 제3자를 지칭하는 경우에는 is, ea, id의 속격 eius, eorum, earum을 사용한다.

다시 쉽게 설명하면 주어가 화자와 같은 경우에는 suus, sua, suum을 쓰고, 화자와 다를 경우에는 eius, eorum, earum을 쓴다.

III. 3인칭 대명사

라틴어는 '그, 그녀, 그것' 등을 표현하는 3인칭 대명사가 따로 없기 때문에 앞에서 살펴본 지시대명사 is, ea, id로 대체된다. 그 대신, 라틴어의 3인칭 대명사는 재귀대명사로만 사용된다. 재귀대명사는 주어의 동작이 다시 주어로 되돌아가는 관계를 나타내기 때문에 주격으로 사용할 수 없다. 또한 단·복수의 구분이 없으므로 문장에 따라 구분하여야 한다.

구분	3인칭	
	단수	복수
nom.	-	-
gen.	sui 자기를, 자기에 대한	
	(of himself/herself/itself)	*(of themselves)*
dat.	sibi 자기에게, 자기를 위해	
	(to/for himself, etc.)	*(to/for themselves)*
acc.	se 자기를	
	(himself, herself, itself)	*(themselves)*
abl.	se	
	(by/with/from himself, etc.)	*(by/with/from themselves)*

E.g.

Cicero laudavit se. 키케로는 자기 자신을 칭찬했다.

Cicero laudavit eum. 키케로는 그를 칭찬했다.

IV. 격에 따른 전치사 종류

라틴어의 전치사는 전치사 다음에 오는 명사의 격에 따라 뜻이 달라진다. 전치사가 전치사 다음에 오는 명사에 대해 대격이나 탈격을 요구하거나, 대격과 탈격 모두를 요구하기도 한다. 전치사가 명사의 대격과 탈격 모두를 요구할 경우, 대격일 때와 탈격일 때의 의미가 달라지므로 전치사의 격에 따른 용법을 주의해서 학습해야 한다.

1. 대격 요구 전치사

구분	장소	시간	관계(은유적 의미)
ante	앞에, 앞으로 ante urbem 도시 앞에	전에, 먼저 ante lucem 날이 새기 전에	(우월) 우선, 보다 더, 이상으로 ante omnia 무엇보다도 우선
apud	근처에, 옆에, ~에 apud flumen 강 근처에		(민족) ~에게 있어서 apud Romanos 로마인들에게 있어서 (출처) ~의 책에 의하면 apud Ciceronem 치체로(키케로)의 저서에

circa, circiter, circum	주위에, 둘레에, 부근에 agri circa urbem 성곽 주위의 밭들	쯤에, 경에, 무렵에 circa lucem 동틀 무렵에 circiter meridiem 정오경에	(수효) 대개, 가량 circa ducentos 200명가량
erga			~에 대하여, ~에 대한 bonitas erga homines 인간들에 대한 선
inter	사이에, 중간에 inter Siciliam et Africam 시칠리아와 아프리카 사이에	동안에, 중에, 사이에 inter cenam 저녁 식사 중에 inter noctem 밤중에	서로, 끼리 inter se amare 서로 사랑하다 inter nos 우리끼리
post	뒤에 post flumen 강 뒤에	뒤에, 나중에 post annum 일 년 뒤에 post mortem 사후에	(순서, 서열 따위) 다음으로 post me 나 다음에 post te 너 다음으로
trans	건너서, 넘어서, 지나서 (주로 산, 강, 바다, 언덕, 절벽) trans mare 바다를 건너서 trans Alpes 알프스 산을 넘어서, 알프스 산 저편에		

2. 탈격 요구 전치사

구분	장소	시간	관계(은유적 의미)
coram	앞에서, 면전에 coram populo 대중 앞에서 coram senibus 노인들 면전에서 (앞에서)		
pro	앞에 pro aede Iovis 유피테르 신전 앞에 pro castris 진지 전방에		(목적) 위하여 pro patria mori 조국을 위하여 죽다 pro se quisque 각자 자기를 위하여 (대신) 대신에 Amicus pro me locutus est. 친구가 내 대신 말해 주었다. (비례, 이유, 기타) 따라서, 비해서 pro multitudine hominum 사람 수에 비해서 pro tua sapientia 네 지혜대로
sine			~없이 sine dubio 의심 없이

＊ 연습문제 18강 - 118P

LECTIO XIX

ID POSSUMUS QUOD DE IURE POSSUMUS

조동사 possum
/ 조동사 debeo

ID POSSUMUS QUOD DE IURE POSSUMUS.

우리는 법률상 할 수 있는 것을 할 수 있다.

함께하는 라틴어 이야기

'권리와 호의'

우리는 어떻게 하면 자신의 권리와 상대방의 호의를 구분할 수 있을까? 몇 해 전 프랑스에 살고 있는 친구가 5살 된 어린 아들을 데리고 한국에 와 함께 저녁을 한 적이 있다. 함께 즐겁게 식사하며 오랜만에 서로 살아왔던 이야기를 하던 중 아이 엄마가 설탕을 자꾸 먹는 아들에게 "설탕 먹지 마"라고 말했을 때 그 아이가 했던 답이 흥미로웠다.

"엄마, 모든 어린이는 설탕을 먹을 권리가 있어요."

그 말을 듣자마자 그 아이에게 그런 말을 어디에서 배웠냐고 물었다. 아이는 "유치원에서 배웠어요"라고 대답했다. 그때 이런 생각이 스쳐 지나갔다. 자신의 권리가 무엇이고 호의가 무엇인지는 거저 알아지는 것이 아닌 것 같다고. 그래서 우리는 밥상머리에서부터 영어 한 단어, 수학 한 문제가 아니라 타인의 권리와 호의가 무엇인지, 또 자신의 권리와 호의는 무엇인지 구분하고 배워야 하는 것이 아닐까 하고 생각했다. 그때 우리는 "어떤 사람에게는 눈앞의 보자기만 한 시간이 현재이지만, 어떤 사람에게는 조선시대 노비가 당했던 고통도 현재입니다."*라는 말에 공감할 수 있지 않을까? "사랑하는 사람에게는 호의만으로도 충분하다Sola benevolentia sufficit amanti"라는 말이 있다.† 그렇다면 사랑하지 않는 사람에게는 어떻게 다가가야 할까? 故 황현산 선생의 《밤이 선생이다》에는 "이 유례없는 경쟁 사회에서 우리는 조금씩 지쳐 있습니다. 그렇더라도 마음이 무거워져야 할 때 그 무거운 마음을 나누어 짊어지는 것도 우리의 의무입니다."‡ 라는 이야기가 있다. 이 문장을 곰곰이 생각해 본다. 선생이 말한 '마음이 무거워져야 할 때', 그때 우리는 할 수 있는 것과 해야 할 것을 좀더 명징하게 구분할 수 있게 되지 않을까?

---

* 황현산, 〈밤이 선생이다〉, '과거도 착취당한다', 난다 2017, 12쪽.

† 아우구스티누스, 〈요한 서간 강해〉, 여덟째 강해 5

‡ 황현산, 〈밤이 선생이다〉, '마음이 무거워져야 할 의무', 54쪽.

1. 조동사 'possum 할 수 있다'

possum 동사는 영어의 *can*이나 *be able*의 뜻을 가지고 있으며, 이 단어는 사전을 찾아보면 'possum, pŏtes, pŏtŭi, posse'의 순서로 나열되어 있다. 이 동사는 pŏtis, pŏte(할 수 있는, 가능한)라는 형용사와 연계 동사 sum(esse)이 결합된 합성어다. possum 동사는 다른 동사의 부정사와 함께 쓰는 조동사(verbum servile)나 본동사의 역할을 한다. 또한 possum 동사의 어미변화는 sum 동사의 어미변화를 따르며, possum 동사의 직설법 단순과거, 과거완료, 미래완료, 접속법 단순과거와 과거완료, 부정법 과거는 단순과거 어간 potu에서 유래한다.

구분	직설법		
현재	pos-**sum** 나는 할 수 있다 pot-**es** 너는 할 수 있다 pot-**est** 그는 할 수 있다 pos-**sumus** 우리는 할 수 있다 pot-**estis** 너희는 할 수 있다 pos-**sunt** 그들은 할 수 있다	단순 과거	potu-**i** 나는 할 수 있었다 potu-**isti** 너는 할 수 있었다 potu-**it** 그는 할 수 있었다 potu-**imus** 우리는 할 수 있었다 potu-**istis** 너희는 할 수 있었다 potu-**erunt** 그들은 할 수 있었다

미완료	pot-**eram** pot-**eras** pot-**erat** pot-**eramus** pot-**eratis** pot-**erant**	과거 완료	potu-**eram** 나는 할 수 있었었다 potu-**eras** 너는 할 수 있었었다 potu-**erat** 그는 할 수 있었었다 potu-**eramus** 우리는 할 수 있었었다 potu-**eratis** 너희는 할 수 있었었다 potu-**erant** 그들은 할 수 있었었다
미래	pot-**ero** 나는 할 수 있을 것이다 pot-**eris** 너는 할 수 있을 것이다 pot-**erit** 그는 할 수 있을 것이다 pot-**erimus** 우리는 할 수 있을 것이다 pot-**eritis** 너희는 할 수 있을 것이다 pot-**erunt** 그들은 할 수 있을 것이다	미래 완료	potu-**ero** 나는 할 수 있었을 것이다 potu-**eris** 너는 할 수 있었을 것이다 potu-**erit** 그는 할 수 있었을 것이다 potu-**erimus** 우리는 할 수 있었을 것이다 potu-**eritis** 너희는 할 수 있었을 것이다 potu-**erint** 그들은 할 수 있었을 것이다

1. 조동사 possum: 부정형(동사원형) + possum ~을 할 수 있다

E.g.

Non cantare bene possum. 나는 노래를 잘 부르지 못한다.

Non tacere possum. 나는 침묵할 수 없다.

Nemo omnibus placere potest. 아무도 모든 사람의 마음에 들 수 없다.

N.B. placeo 동사가 여격을 요구하기 때문에 복수 여격 omnibus를 쓴다.

2. 본동사 possum

E.g.

Illi et illae potuerunt. Cur non ego potero?

그들과 그녀들이 할 수 있었는데, 왜 난들 못하랴?

VOCABULA

nemo, nēmĭnis, m, pron. et adj. 아무도 ~ 않다

illĕ, illă, illŭd, adj. et pron. 그, 그 사람

cūr, adv. 왜, 어째서

II. dēbĕo, 해야 한다

dēbĕo 동사가 조동사로 사용되면 '~을 해야 한다'라는 의미이고, 본동사로 사용되면 '빚지다, 의무가 있다'라는 의미다. 여기에서 '빚, 부채, 채무'라는 의미의 명사 'dēbĭtum'이 파생하는데, 영어 '*debt* 빚, 부채'도 여기에서 유래한다.

1. 조동사로서 dēbĕo: 부정형(동사원형) + dēbĕo ~을 해야 한다

E.g.

Castigatio contumelia vacare debet. (키케로)

징벌은 모욕이 없어야 한다.

2. 본동사 dēbĕo: 빚지다, 의무가 있다

E.g.

Grandem pecuniam debebat. (살루스티우스)

그는 엄청난 돈을 빚지고 있었다.

VOCABULA

castīgātĭo, -ōnis, f. 징벌, 징계

contŭmēlĭa, -ae, f. 학대, 폭행, 모욕

văco, as, āvi, ātum, -āre, ❶ tr. (abl., ab + abl.) 없다, 비어 있다, 한가하다, 자유롭다

N.B. văco 동사에서 '휴가, 방학, 휴정'이라는 의미의 명사 'văcātĭo'가 파생된다. 영어 '*vacation*'도 여기에서 유래한다.

VOCABULA

grandis, -e, adj. 큰, 커다란

✳ **연습문제 19강 - 123P**